辞書なしで書ける！
英会話のネタ帳

はじめに

　この本は「英語でいろんな話ができるようになりたい」と思っている人のために制作しました。せっかく新しい単語や表現を覚えても、いざ話すとなるとあいさつ程度の話しかできない、ネイティブスピーカーの方から話題を提供してくれないと沈黙してしまう…英語を学んでいる人たちからよくそんな声を聞きます。

　海外旅行や簡単な受け答えがしたくて英語を学んでいるなら、頻出表現を覚えてある程度リスニング力をつければ大して困ることはないでしょう。でも、海外の文化や人に興味がある人なら、決まりきった会話だけでは寂しいと思いませんか？時にはじっくり日本語で話すようなこと—週末の話やテレビの話題、自分の家族の話などもしたいと思う人が多いはずです。

　では話題を増やすにはどうしたらいいのでしょうか？その答えはアウトプット、つまり書いたり話したりするつもりで学ぶことです。覚えた単語や表現を使いながら、あるいは調べながら、自分の言葉で自分の伝えたいことや考えていることを書いてみましょう。難しく考えずに「会話の下書き」のつもりで書き始めましょう。書くことができれば話すこともできます。外国人との会話でも自分から話題を切り出すことができます。ぎこちなくたっていいのです。スラスラいつもと同じあいさつをするよりもあなたの英語力はずっと伸びます。きっと相手にも「お！この人の話は興味深いぞ」と思ってもらえることでしょう。アウトプットすることによって覚えたばかりの単語や文法もあなたの中にしっかりと定着していきます。相手との理解も深まります。まずは身の周りの話題からで構いません。1週間に1つずつ英語で文章を書いて、話せる話題を増やしていきましょう。

　　　　　　　　　　　　　　　　　　　　　ジオス出版編集部

英会話のネタ帳

目次

Part 1 魅力的な自己紹介をしましょう……P.5
- ネタ1　なぜ英語を勉強しているか…………P.6
- ネタ2　自己紹介でアピールしよう…………P.10
- ネタ3　自分の名前を説明しよう……………P.14
- ネタ4　私の家族を紹介します………………P.18
- ネタ5　私の仕事・就きたい職業……………P.22
- ネタ6　私の日常生活…………………………P.26

Part 2 日常生活について書きましょう　P.31
- ネタ7　最近あったこんなできごと！………P.32
- ネタ8　私の旅行体験談………………………P.36
- ネタ9　病気・怪我の経験……………………P.40
- ネタ10　今度のお休みの予定は？……………P.44

Part 3 好き嫌いを主張しましょう…………P.49
- ネタ11　好きな異性のタイプ…………………P.50
- ネタ12　私の好きなスポーツ…………………P.54
- ネタ13　私が一番好きな季節…………………P.58
- ネタ14　もしも宝くじが当たったら？………P.62
- ネタ15　ホームステイしてみたい？…………P.66

Part 4 生活や文化を紹介しましょう………P.71
- ネタ16　家への道順を説明します……………P.72
- ネタ17　私の町を紹介します…………………P.76
- ネタ18　日本の行事を知っていますか？……P.80
- ネタ19　日本文化をちらっと紹介……………P.84

Part 5 一般的な話題も増やしましょう　P.89
- ネタ20　映画や本を薦める……………………P.90
- ネタ21　私の得意な料理・お菓子……………P.94
- ネタ22　気になったあのニュース……………P.98
- ネタ23　最近話題の○○について……………P.102

Part 6 手紙を書きましょう…………………P.107
- ネタ24　10年後の自分へ………………………P.108

🌀 この本の使い方 🌀

　この本を使うと、24週間で英文ライティングの基礎を身に付け、同時に会話のネタを増やすことができます。英会話に役立つテーマばかりを選んでありますので、週に1つずつ自分の言葉で文章を書いていきましょう。

1
「ネタ作りのヒント」を読み、その日のテーマについて自分なりに文の組み立てを考えましょう。

⬇

2
右ページの「フレーズ・単語」を活用しながらとりあえず書いてみましょう。後から手直しできるように鉛筆書きの方がよいでしょう。

⬇

3
「日本人の英語＆添削例」と「ネイティブからのアドバイス」「マスターしよう」をじっくり読みましょう。今日のテーマに関するポイントや注意点が理解できたら、自分の書いた文章を見直して手直ししましょう。

⬇

4
ネイティブ・スピーカーの書いた「モデル例」を1度目は黙読、2度目は音読してください。段落の作り方や話の運び方などを自分の書いた文と比較しながら読みましょう。

⬇

5
最後にもう1度自分の文章に手を加えてください。見なくても話せるように音読練習もしておきましょう。

⬇

6
ネイティブ・スピーカーと英語で話す機会があれば、自分が書いたテーマについて話してみましょう。相手から出た質問や意見をふまえながら文章に何度も手を加えていくとよいでしょう。書きっぱなしにせず、自分の「持ちネタ」として完成させていく気持ちが大切です。もし身近に自分の書いた文を読んでもらえるネイティブ・スピーカーや英語の先生がいれば、良い点と悪い点を指摘してもらうとよいでしょう。

Part 1
魅力的な自己紹介をしましょう

英語で話せるテーマを増やそう

ネタ1　なぜ英語を勉強しているか

「ネタ作りのヒント」を参考にして、外国人に話すつもりで自分らしい内容を考えましょう。右ページの「フレーズ・単語」を辞書がわりに活用してください。

ネタ作りのヒント

1. **勉強している期間**（どのぐらいの期間英語を勉強しているか）
2. **勉強方法**（どうやって勉強しているかをできるだけ具体的に）
3. **学んでいる理由・目標**（いつ、どうして英語を勉強しようと思ったか、英語を身に付けてどんなことがしたいか）

Date:　　/

ネタ1　なぜ英語を勉強しているか

🌀 フレーズ・単語　下の文例や単語をアレンジして使いましょう。

❶ 勉強している期間

◆英語を勉強して約…年／カ月になります

I have been studying English for about 9 years / months.
（英語を勉強して約9年／9カ月になります）

❷ 勉強方法

◆…力を伸ばすために〜するようにしています

I try to listen to an English conversation program every day on the radio in order to improve my listening skill.
（聞く力をつけるために毎日ラジオ英会話を聞くようにしています）

◆時間がある時は…します

In my free time I exchange e-mail with my friend Cameron.
（時間がある時は友人のキャメロンとEメールを交換します）

勉強方法	●単語を暗記する「memorize some words」 ●英語で日記をつける「keep a diary in English」 ●英会話スクールに通う「go to an English language / conversation school」 ●英語のテレビ番組を見る「watch TV shows in English」 ●英語のホームページを見る「read English web pages」 ●英語でEメール交換をする「exchange e-mail in English」

❸ 英語を学んでいる理由・目標

◆…が好きなので英語を勉強しています

I'm studying English because I like traveling abroad.
（海外旅行が好きなので、英語を勉強しています）

◆…したいので／…するために英語を勉強しています

I am studying English so that I can communicate more with my American friend. （アメリカ人の友達ともっとしゃべりたいので、英語を勉強しています）

◆いつか…したい／…になりたいと思っています

One day I'd like to be a famous film director in Hollywood.
（いつかハリウッドで有名な映画監督になりたいです）

英語を 学ぶ目的	●字幕なしで映画を見る「watch English movies without subtitles」 ●留学する「study abroad」　●勉強し直す「brush up my English」 ●海外／〜で…を学ぶ「study ... abroad / in 〜」 ●英語を使って仕事をする「use English at work」 ●TOEIC®テストで800点取る「score 800 on the TOEIC® test」
目標の時期	●近い将来「in the near future」　●来年「next year」　●いつか「one day」 ●高校／大学を卒業したら「after graduating from high school / college / university」

日本人の英語＆添削例

ジオスの教師による添削例です。間違いを知ることは上達への近道です。

I have been interested in foreign culture ~~since~~ **for** a long time ~~ago~~.
- ずっと…に興味があった
- →「a long time（長い間）」を使うなら始まりを表す「since」より期間を表す「for」を使うのが自然

~~Besides~~, ~~I like to see foreign~~ **I enjoy watching English** movie**s** and listen to ~~foreign~~ **English** music.
- →「like to」でもよいが、後に「I'd like to」が出てくるので違う単語を選んでいる。「enjoy」の後に来るのは名詞か「動詞-ing」。動くものをじっくり見るから「see」ではなく「watch」
- →前の「enjoy」にかかるのでここも「動詞-ing」形

~~Then~~ **One day** ~~I want to~~ **I'd like to** ~~see foreign~~ **watch English** movie**s** without subtitles, and understand ~~foreign~~ **English** music without **a** translation. ~~Besides~~, **Also,** I want to ~~do~~ **work for an** international ~~work~~ **company** in the future. In order to ~~come true my dream~~ **make my dreams come true**, I ~~want to get~~ **need to improve my** English.
- →「…したい」は「want to…」より「would like to…」の方がていねい
- …なしで / 字幕 / …なしで / 翻訳
- →「また、…」「さらに、…」と同じような内容を並列する時は接続詞の「Also,」を文頭に置く
- 国際的な / 将来（に） / …するために
- →「come true」は自動詞なので後ろに目的語は置けない。「make+目的語+動詞の原形」で「…を～にさせる」。ここでは「私の夢を実現させる」
- →今も英語を勉強中なのだから「get（習得する）」より「improve（上達させる）」がぴったり

ネイティブからのアドバイス

勉強中のことを話題にする時には、最初に何をどのぐらいの期間学んでいるか、学び始めたきっかけは何かを書いて、読み手に「何について書こうとしているか」を知らせます。その後に、具体的な勉強方法や目標を書いていくとよいでしょう。

添削例の場合

スタイルとしてはよくまとまっています。ただ映画や仕事などの例をもう少し具体的にした方がインパクトのある文章になります。例えば「I'd like to watch films like "Starwars" in English.（英語で「スターウォーズ」のような映画を見るのが好きです）」「I'd like to work for P&G or another international company.（P&Gのような国際的な会社で働きたい）」のように書くとベターです。なお「foreign movies」と書くと、英語だけでなく中国語、フランス語、イタリア語などの映画も含まれますので、英語を学ぶ理由としては「English movies」とする方がよいでしょう。

「for」と「since」の違い

過去から現在にかけて「ずっと…していた」と言う時は、現在完了形と共に「for」や「since」を使います。

●「for」はある特定の期間を表す

- I've been waiting for four hours.（私は4時間ずっと待っています）
- Lisa's been working here for one and a half months.
  （リサは1ヵ月半ここで働いています）

●「since」はある期間の開始時点を表す

- I haven't studied English since Tuesday.（私は火曜日以来英語を勉強していません）
- We've been dating since last September.（私たちは昨年の9月から付き合っています）

モデル例

ネイティブスピーカーが同じテーマについて書いたモデル例です。英語らしい文の組み立てに慣れましょう。

　I have been studying English for about 9 years. I started studying English in junior high school but I never had the chance to speak it. Three years ago a friend of mine suggested that I start taking lessons at an English conversation school. At first I was really shy but now I'm the most talkative person in class.

　One day I'd like to be a famous film director in Hollywood. If my English improves, maybe I can go to film school in California. That would be really cool!

> 英語は約9年間勉強しています。英語を始めたのは中学校の時ですが、話す機会は全くありませんでした。3年前友人に英会話スクールのレッスンを始めないかと薦められました。初めは恥ずかしかったけれど、今はクラスで一番よくしゃべります。
> 　いつかハリウッドで有名な映画監督になれたらと思っています。英語が上達したらカリフォルニアの映画学校に行けるかもしれないし。そうなれば本当にかっこいいですね。

英語で話せるテーマを増やそう

ネタ2 自己紹介でアピールしよう

「ネタ作りのヒント」を参考にして、外国人に話すつもりで自分らしい内容を考えましょう。右ページの「フレーズ・単語」を辞書がわりに活用してください。

ネタ作りのヒント

1. **自分の全体的な性格**（あなたは全体としてどんなタイプの人か、あるいはどんな人だと言われるかを書く）

2. **性格を述べた理由、エピソードなど**（なぜ自分の性格を❶のように述べたか、自分の性格を特徴づけるようなできごとがあればそれを書く）

3. **自分の性格で大事にしたい点や変えたいと思う点**（自分の性格と今後どう向き合っていくか、目標とする性格）

Date: /

フレーズ・単語 下の文例や単語をアレンジして使いましょう。

❶ 自分の全体的な性格

◆私はよく…と言われます
I'm often told that I'm easygoing.
(私はよくのんびり屋だと言われます)

◆私は…性です（…タイプの人間です）
I'm an arty kind of person.
(私は凝り性です)

◆見た目は…ですが、根は〜です
I look like a quiet person, but at heart I'm positive and active.
(見た目はもの静かですが、根は積極的で活動的です)

性格
・長所「strong point」
・短所「weak point」

- 社交的な「sociable」
- 積極的な「positive」
- 楽観的な「optimistic」
- 親しみやすい「friendly」
- 時間を守る「punctual」
- 明るい「cheerful」
- 気が長い・のんきな「easygoing」
- 慎重な「cautious」
- 優柔不断な「indecisive」
- 飽き症だ「I get bored easily.」
- 気が短い「short-tempered」
- 内気な「shy」
- 気が多い「I have a lot of interests.」
- 不注意な・あわてものの「careless」
- 大胆な「bold」※「brave（勇敢な）」より向こう見ずな勇敢さ
- 頑固な「stubborn」
- 夢見がちな「romantic」

❷ 性格を述べた理由、エピソードなど

◆私は自分の…なところは嫌いです。〜だからです
I don't like being aggressive and critical. It makes other people and me very unhappy.
(私は自分の攻撃的で批判的な性格が嫌いです。自分も他の人も不愉快になるからです)

❸ 自分の性格で大事にしたい点や変えたいと思う点

◆私の長所は…なことです。常に〜するよう心がけています
One of my good points is punctuality. I always try to be on time.
(時間にきちんとしているのが私の長所です。常に時間厳守を心がけています)

◆私は…を変えようと努力しています
I'm trying to change this part of my personality, but it's very difficult.
(私は自分のこの性格を変えようと努力していますが、とても難しいことです)

日本人の英語&添削例

ジオスの教師による添削例です。間違いを知ることは上達への近道です。

~~My personality is~~ **I am** a 明るい **cheerful** 〈person〉. I am always 社交的な outgoing ~~in school~~, **with my school friends**,

but I am 引っ込み思案な shy in class. I like animal**s** very much, 特に especially ~~I like~~ cat**s**. I

have a cat whose name is Kurara. If ~~Kurara~~ **she** died, ~~I will die, too~~. **I would be very upset.**

When my school result**s** ~~is~~ **are** very good, I am very happy because

my father give**s** me money. If my school ~~result is very~~ **grades are** bad, my

parents ~~are~~ **get** very angry, so I **try to** study hard for ~~next~~ **my** test**s**.

~~In short I have a good personality.~~

→「成績や総合評価は「grade(s)」、具体的な点数は「a mark of 95 (95点)」などと表す

→「I study...」だとただの"事実"を表す。「try to」を使うと「頑張って勉強しようと思う」という"意志"を表現することができる

→英語の文では結論は先に書く。最後に「In short...(要するに…)」で締めくくるのは少し不自然

自分の性格について書く時には、他の人が自分のことをどう言っているかということから始めるのが一番よい方法です。読み手は「どうしてそういう性格だと言えるのか」知りたくなるからです。その後でなぜそう言われるかという理由や、実際の自分と違う点などを書いていくと興味深い自己分析になるでしょう。

添削例の場合

「Most people say I am a cheerful person, because I am always outgoing with my school friends. However, I am shy in class. …(ほとんどの人が私は明るい性格だと言います。学校の友達と一緒の時はいつも社交的だからです。でも授業中は引っ込み思案です。…)」こんな風に始めて、この性格を特徴づけるエピソードや具体例を続けると文章にまとまりが出てきます。

自己紹介のコツ

性格だけでなく、自分の趣味や特技も付け加えると同じことに興味のある人たちが注目してくれやすくなります。

趣味や特技を伝える表現

- I'm really into classical guitar.（私はクラシックギターにハマっています）
- I am interested in reading, painting and gardening.（読書と絵画とガーデニングに興味があります）
- I'm very fond of driving.（ドライブが大好きです）
- I really get into things. I'm very much into jazz now.（私は本当に凝り性です。今はジャズに凝っています）
- I'm crazy about using the internet now.（今インターネットに夢中です）
- I'm good at cooking.（料理が得意です）
- I have been studying the violin since I was seven years old.（7歳の時からヴァイオリンを習っています）
- I love going out / spending time with my friends.（友達と出かける／過ごすのが大好きです）

モデル例

ネイティブスピーカーが同じテーマについて書いたモデル例です。英語らしい文の組み立てに慣れましょう。

People say I am a difficult person to understand. I seem to have two different personalities. One personality is kind and considerate but the other is aggressive and critical. Unfortunately for other people, my personality changes really quickly. Some people don't know what to expect.

On the other hand, I am usually very positive. I am told that I have a lot of energy. Even when I'm feeling down, I usually find something to laugh at.

私は理解しがたい人と言われています。私の性格には二面性があるようです。優しくて思いやりがある反面、もう一方では攻撃的で批判的な面をもっています。残念なことに私はあまりにも性格がコロコロ替わります。予測ができない人もいます。

一方普段私はとても前向きです。非常にエネルギッシュだと言われます。落ち込んでいる時でもたいてい何か笑えることを見つけるのです。

英語で話せるテーマを増やそう

ネタ3 自分の名前を説明しよう

「ネタ作りのヒント」を参考にして、外国人に話すつもりで自分らしい内容を考えましょう。右ページの「フレーズ・単語」を辞書がわりに活用してください。

ネタ作りのヒント

1. **名前の全体的な意味**（自分の名前とその意味を書く）
2. **名付けられた経緯・理由**（自分の名前が付けられた経緯や理由を書く）
3. **名前の好き嫌いや名前にまつわるエピソードなど**（名前に関するエピソードや自分の名前をどう思っているか、など）

Date:　　/

ネタ3 自分の名前を説明しよう

🌀 フレーズ・単語　下の文例や単語をアレンジして使いましょう。

❶ 名前の全体的な意味

◆私の名前は…です。～という意味です
My name is Yuko. It means "a kind girl."
（私の名前は優子です。優しい女の子という意味です）

名前の意味	●従順な「obedient」　●賢い「wise」　●知性のある「intelligent」 ●幸せな「happy」　●恵まれた「blessed」　●寛大な「generous」 ●謙虚な「modest」　●広い心をもった「broad-minded」 ●気高い・高潔な「noble」　●強い・たくましい「strong」 ●健康な「healthy」　●誠実な「sincere」　●勇気のある「brave」 ●みんなに好かれる「popular」　●正直な「honest」 ●順応性のある「flexible」　●穏やかな「calm」 ●優秀な「excellent」「brilliant」 ●温かい心をもった「warm-hearted」 ●友達の多い「have many friends」「sociable」 ●優しい・思いやりのある「kind」「tender」 ●信念・志をつらぬく「consistent」

❷ 名付けられた経緯・理由

◆～と願って…が「○○」と名付けました
My father named me "Akemi", hoping that I would be a cheerful and beautiful girl.
（明るく美しい子に育つようにと願って父が「明美」と名付けました）

◆私の名前は…の名を取って付けられました
I was named after my grandmother.
（私の名前は祖母の名を取って付けられました）

❸ 名前の好き嫌いや名前にまつわるエピソードなど

◆私の名前は…なので～です
My name is difficult to read, so people often say it wrongly / incorrectly.
（私の名前は読み方が難しいので、よく間違えられます）

◆どちらかと言うと～より…と呼ばれる方が好きです
I prefer to be called Maki rather than Makiko.
（私は真紀子よりマキと呼ばれる方が好きです）

名前の特徴	●覚えやすい／覚えにくい「easy / difficult to remember」 ●読み方が難しい「difficult to read」　●伝統的な「traditional」 ●漢字の画数が少ない／多い「My name has a small / large number of strokes in the Chinese characters.」 ●ひらがな「hiragana, or the Japanese cursive syllabic script」 　※丸みを帯びた表音文字 ●カタカナ「katakana, or the Japanese angular syllabic script」 　※角張った表音文字

16 ネタ3 自分の名前を説明しよう

日本人の英語&添削例

ジオスの教師による添削例です。間違いを知ることは上達への近道です。

My name is Shiho. It means ~~keep an ambition~~ **"Be ambitious" / "Follow your dreams"**. In Chinese character**s** (漢字),
"shi(志)" ~~writes kokorozashi~~ **means "will or ambition"** and "ho(保)" ~~writes tamotsu~~ **means "keep going"** I ~~It was~~
named after my grandfather. ~~My grandfather's~~ **His** name was
Tamotsu. ~~Tamotsu means keep going.~~ **Both our names share the Chinese character "保."** He died before I was born.
I heard he was very good at ~~Japanese fencing~~ **Kendo** and **that** he was a **good**
man. ~~of fine character.~~ I ~~wanted to meet~~ **wish I could have met** him. I think ~~important~~ **my name is**
very important ~~my name very much~~. I hope ~~to keep an ambition for my life~~. **one day I can live up to it.**

→漢字を訓読みにしてもネイティブには分からないので、意味を英語で説明する方がよい

→「keep going」は「進み続ける、頑張る」という意味

…の名を取って名付けられた

→少し説明を加えると分かりやすい。ここでは「share（共有する）」という動詞を使って「私と祖父の名前は"保"という漢字を共有している」

…が非常に得意だった

→「剣道」や「柔道」という日本語は外来語として広く知られているのでそのまま使える

→「man of … character（…な人）」という表現は非常にフォーマル。普通の文章では「… man」の方が自然な言い方

→仮定法にすると「（亡くなった祖父に）会ってみたかったのにできなくて残念」というニュアンスが表現できる

→「think」の後は「(that) SVC」の順になる

→「live up to …」で「（理想など）を実行する」「…に恥じない行動をする」という意味。「it」は「my name」を指している

ネイティブからのアドバイス

名前の話題なら、自分のフルネームとその意味から書き始めるのがよいでしょう。名前がなぜ、どういう経緯で付けられたかというのは興味のある話題ですし、特に日本人以外の人から見ると日本の名付けの文化を知るチャンスでもあります。その後自分の名前についてどう思っているかを続けて書くとよい文章になります。

添削例の場合

「My name is Shiho. It means ... （私の名前は志保です。その意味は…）」というのはよい始め方です。本人が自分の名前をどう思っているかについても、最後に「I hope one day I can live up to it.（いつか自分の名前を実現したいと思います）」と書かれているので、引き締まった文章になっています。

名前を印象づけるヒント

日本人の名前は聞き慣れない人が多いので、自己紹介をする時に名付けられた経緯を説明したり、名前の意味と実際の自分と比較したりして印象づけられるよう準備しておきましょう。

● 「I was named after .... (私は…にちなんで名付けられました)」

- I was named after a famous baseball player.
  (私は有名な野球選手にちなんで名付けられました)
- I have the same name as my great-grandmother.
  (私はひいおばあちゃんと同じ名前です)

● 「A means "...." That's exactly what I am. (Aは…という意味ですが、まさに私を言い表しています)」

- My name, "Hidemi," means "an intelligent and beautiful lady." That's exactly what I am. (私の名前「秀美」は「優秀で美しい女性」という意味です。それはまさに私を言い表している名前です)

モデル例

ネイティブスピーカーが同じテーマについて書いたモデル例です。英語らしい文の組み立てに慣れましょう。

> My name means "noble." I don't know if I am noble or not, but that is what Allison means.
>
> My mum*named me after a television character. She was watching "Peyton Place" when she was pregnant and thought my name sounded cool. When I was at school my name was always spelled incorrectly because I have the American spelling of Allison. The British spelling only has one "l." I didn't like my name when I was young but now I'm used to it.
>
> *「mum」はイギリス英語。アメリカでは「mom」。
>
> 私の名前は「高貴な」という意味です。自分が本当に高貴なのかどうかはわかりませんが、とにかくこれがアリソンという名前の意味です。
> 母はテレビの登場人物にちなんで私の名前を付けました。妊娠していた頃ドラマの「ペイトン・プレイス」を見て、名前の響きがかっこいいと思ったのです。学校に通っていた頃は名前のスペルをいつも間違って綴られていました。というのは私のアリソンはアメリカ英語の綴りのAllisonだからです。イギリスでは「l」は1つです。小さい頃は自分の名前が嫌いでしたが今はもう慣れました。

英語で話せるテーマを増やそう

ネタ4 私の家族を紹介します

Introducing my family

「ネタ作りのヒント」を参考にして、外国人に話すつもりで自分らしい内容を考えましょう。右ページの「フレーズ・単語」を辞書がわりに活用してください。

ネタ作りのヒント

❶ **家族の人数、どんな家族か**（家族の人数と紹介、できれば全体としてどんな家族かという特徴も書く）

❷ **1人ずつの紹介**（1人ずつ家族のメンバーの名前と紹介を書く）

Date: /

ネタ4　私の家族を紹介します　●**19**

🌀 フレーズ・単語　下の文例や単語をアレンジして使いましょう。

❶ 家族の人数、どんな家族か

◆私の家族は…人です。～と～がいます
I am from a family of five. I have a father, mother and two sisters.
（私の家族は5人です。父、母と姉が2人います）

◆私の家族は…です
My family is very close.
（私の家族はとても仲がいいです）

家族の メンバー	●父「father」「dad」 ●母「mother」「mom（アメリカ・カナダ）」「mum（イギリス・オーストラリア）」 ●姉／妹「older / younger sister」　●兄／弟「older / younger brother」 ●息子「son」　　　　　　　　　●娘「daughter」 ●義理の…「…-in-law」 ●親の再婚による兄弟／姉妹「stepbrother / stepsister」 ●祖母／祖父「grandmother / grandfather」 ●孫娘／孫息子「granddaughter / grandson」

❷ 1人ずつの紹介

◆私は…に似ていると言われます
People say I take after my father.
（私は父親似だと言われます）

◆父は…ですが／ですし母は～です
My father is easygoing, but / and my mother nags me.
（父はのんびり屋ですが、母は口うるさい方です）

◆○○は…が得意です。私も時々／よく～します
My mother is good at cooking.
I sometimes / often help her in the kitchen.
（母は料理が得意です。私も時々／よく手伝います）

◆…とは小さい頃よく～しました
I used to quarrel with my brother when we were small, but now we get on really well.
（弟とは小さい頃よく喧嘩をしました。今は仲良しです）

特徴	●（子供やペット）を甘やかす「spoil somebody」 ●（女性が夫など）にうるさく小言を言う「nag ...」 ●…が得意「be good at ...」　　　●昔気質の「old-fashioned」 ●厳格な・厳しい「strict」　　　　●もの静かな「quiet」 ●おしゃべりな「chatty」　　　　　●頑固な「stubborn」 ●短気な「short-tempered」　　　●のんきな「laid-back」 ●批判的な「critical」　　　　　　●1人でいるのが好き「like being alone」 ●世間知らずの・純真な「innocent」「naive」 ●…（動物・音楽・スポーツなど）が好き「love (animals / music / sports)」 ●スポーツ好きな「athletic」　　　●くいしんぼう・よく食べる「I eat a lot.」 ●食い道楽「gourmet」

日本人の英語＆添削例

ジオスの教師による添削例です。間違いを知ることは上達への近道です。

My family ~~is~~ [consists of] [my] parents, older brother (兄) and grandmother (祖母).
→家族構成を説明する時は「My family consists of ....」と言う

My ~~father~~ [father's name] is Yorishige. He works in (…で働く) a cooperative ~~society~~ (生協). He
「…で働く」は「work at / in ...」または「work for ...」
→「生協」は「cooperative」または「co-op」と言う

has worked ~~his company~~ [there] for thirty years (30年間). He like[s] [running in] marathon[s] and
→「…共同組合」は「company (会社)」ではない。
→趣味を言う時は「…するのが好きだ(like 動詞-ing)」「マラソンが好き→マラソンを走るのが好き」、「囲碁が好き→囲碁をするのが好き」となる。日本語に惑わされないよ〜

[playing] Igo (囲碁). My ~~mother~~ [mother's name] is Masako. She is a ~~housewife~~ [homemaker]. She likes ~~dance~~ [dancing].
→最近は「housewife」という単語を避けて、「homemaker」や「householder」を使う傾向がある

She ~~practices dance~~ [goes out] [dancing] once a week (週に1度) with her friends. My older
→家でダンスをするのではないなら「goes out ...ing (…しに出かける)」という表現の方が意味が明確

~~brother~~ [brother's name] is Yutaka. He is a public official (公務員). My ~~grandmother~~ [grandmother's name] is

Sueko. She is eighty three years old. She is ~~vigor very much~~ [very active].
→「vigor」は「元気・活力」という名詞。「…は元気だ」は「active」という形容詞を使う

ネイティブからのアドバイス

家族を話題にする時は、まず誰と誰がいるのか紹介してからそれぞれの性格や特徴、職業などについて書きましょう。家族の中の誰か1人に的を絞って自分と比較したり、おもしろいエピソードを書くのも良い方法です。

添削例の場合

全体の構成は悪くありません。「My father's name is Yorishige. He works in a cooperative.」だけではなく趣味などが書かれている点もいいです。性格や趣味は「He is / enjoys ....」という表現を使います。

人を紹介するコツ

何人かの人を紹介したり話題にしたりする時は、自分とあるいはその人たち同士を比較して、違う点や似ている点を挙げると文章が単調になりません。

● 違う点を挙げる（「but」を使う）
　私は…だけれど〜は…だ「I'm ... but my 〜 is ....」

- I'm short-tempered but my brother's laid-back.
（私は短気だけれど弟はのんびりしている）

● 似ている点を挙げる（「and so」または「both」を使う）
　「I'm ... and so is my 〜.（私は…で私の〜もそうです）」
　「My 〜 and I are both ....（私の〜も私も…です）」

- I'm energetic and so is my dad.（私はエネルギッシュで父もそうです）
- My dad and I are both critical.（父も私も批判的なタイプです）

モデル例

ネイティブスピーカーが同じテーマについて書いたモデル例です。英語らしい文の組み立てに慣れましょう。

My family is a little untraditional. My mum* and dad are divorced and remarried, and both my brother and I are in our 30s and unmarried.

My dad and his wife live in Portsmouth. They have been married for 6 years and both work for a big computer company. My mum and her husband live in Southampton. They are both chefs, so I always look forward to eating at their house. My brother lives in a flat in Portsmouth. He works for the navy. He makes wonderful curry!　＊「mum」はイギリス英語。アメリカでは「mom」。

　私の家族はいわゆる伝統的な家庭とは少し違います。母と父は離婚して再婚していますし、兄も私も30代ですがまだ結婚はしていません。
　父と彼の奥さんはポーツマスに住んでいて、結婚して6年になりますが、2人とも大きなコンピューター会社に勤めています。母と母の旦那さんはサザンプトンに住んでいて2人とも料理人なので、私は彼らの家で食事するのをいつも楽しみにしています。兄はポーツマスのアパートに住んでいます。海軍に勤めています。とてもおいしいカレーを作るんですよ。

英語で話せるテーマを増やそう

ネタ5 私の仕事・就きたい職業

「ネタ作りのヒント」を参考にして、外国人に話すつもりで自分らしい内容を考えましょう。右ページの「フレーズ・単語」を辞書がわりに活用してください。

ネタ作りのヒント

1. **今の／理想の職業は何か**（まず今の仕事／就きたい仕事が何かを書く）
2. **仕事に就いた／就きたい理由**（なぜ今の仕事をしているか／その仕事をしたいのか、またその仕事に関係する今までの経験などを書く）
3. **仕事に対する思いや目標**（その仕事をして何をしたいか、どんな風に仕事をしたいのかなど）

Date: /

ネタ5 私の仕事・就きたい職業 **23**

フレーズ・単語 下の文例や単語をアレンジして使いましょう。

❶ 今の／理想の職業は何か

◆…会社で～をやっています
I work as a clerk for a trading company.
I work for a trading company as a clerk.
（貿易会社で事務をやっています）

◆…に勤めて今年で○年になります
This is my fifth year at a travel agency.
（旅行代理店に勤めて今年で5年になります）

◆私のやりたい仕事は…です
My dream job is to teach art to children at home.
（私のやりたい仕事は家で子供に美術を教えることです）

◆…を勉強し将来は～で働きたいと思っています
I'd like to study journalism at university and get a job on a newspaper in the future.
（大学でジャーナリズムを勉強し将来は新聞社で働きたいと思っています）

❷ 仕事に就いた／就きたい理由

◆…が好きなので、～で働いています／働きたいです
I work / I'd like to work at a hotel because I like meeting people.
（人と会うのが好きなので、ホテルで働いています／働きたいです）

◆私は…が好きなので～になりました／なりたいです
I like travelling and meeting people so I became / I'd like to become a tour guide.
（私は旅行したり人と会ったりするのが好きなのでツアーガイドになりました／なりたいです）

就職／就職希望の理由	
●安定した「stable」	●自由がきく「flexible」
●やりがいがある「rewarding / challenging」	
●趣味と実益を兼ねた「both pleasant and well-paid」	
●人と会うのが好き「I like meeting people.」	
●自分のペースで働ける「I can work at my own pace / in my own way.」	
●体力に自信がある「I'm physically strong.」	
●…に興味がある「I'm interested in ....」	●…できる「I can ....」
●親の後を継いだ「I took over my parents' / father's / mother's business.」	

❸ 仕事に対する思いや目標

◆もし…できたら～です
If I could combine working with children and practicing art it would be perfect.
（もし子供に接することと芸術に関わることが両立できたら完璧です）

日本人の英語 & 添削例

ジオスの教師による添削例です。間違いを知ることは上達への近道です。

My work ~~attend on~~ patient. That's right. I'm ~~nurse~~.
- is looking after
- 患者 → s
- その通り
- a 看護婦
→「My work is 動詞-ing」で「私の仕事は…することです」。「attend on ....」は「看護をする」という意味もあるが「上の人に仕える」というニュアンスが強いので、「look after」や「take care of」がベター
→ 職種を言う時は「a」が必要

My work is very hard and ~~tired~~. We ~~have operation day~~ twice a
- tiring
- perform 手術 → s
→「疲れる(仕事)」という場合は「tiring」。「tired」は「I'm tired.」のように人が疲れている場合に使う
→「手術を受ける」は「have an operation」。「(医者が)手術を行う」なら「perform an operation」

week, on Wednesday and Friday. ~~That day~~, we are very busy. We
- s, s
- On those days
→「on Wednesday」は「毎週水曜日に」と「この水曜日に」の両方に使えるが、「s」をつけると「毎週水曜日に(いつも)」という習慣の意味がよりはっきりする
→「その日に」という副詞節にするには「on」が必要。1日ではないので複数形に変える

have to check temperature, blood pressure, pulse, intravenous
- …しなければならない
- 調査する、調べる
- the patients'
- 血圧 脈拍 点滴
→「temperature」だけだと「気温」か「体温」か分からない。「the patients'」を付けて「患者の体温」とする

drip ~~injection, etc,~~ two hours ~~each~~.
- and so on
- every
→ 日常会話では「…など」という意味では「etc」はあまり使われない。「and so on」が一般的
→「…時間毎に」は「every ... hours」。他にも「every 3 days (3日毎に)」「every 2 months (2カ月毎に)」のように使う

~~But~~ I like my work. ~~Because I'll~~ meet ~~variously~~ people.
- because
- I get to
- a variety of
→ 通常「but」「and」「so」は文頭で使わない。また「because ....」節と同じ文の中ではあまり使わない
→「get to ...」を付けると「…する機会がある」というニュアンスが出せる
→「a variety of ....」は「色々な(種類の)…」。よく使われる表現

ネイティブからのアドバイス

自分の職業あるいは就きたい職業を書く前に、まずその仕事についてどう思っているのかを書くと、読み手の想像力が働き、さらに興味をもってもらうことができます。

添削例の場合

「My work is very hard and tiring. My work is looking after patients. That's right! I'm a nurse. (私の仕事はとてもハードでくたびれます。私の仕事は患者たちの看護をすること。その通り！私は看護婦です。)」このように書くと、「My work is looking after ....」と始めるよりも共感できるので、先を読みたい気持ちになります。

職業に関するボキャブラリー

海外では会社名より職種を言うことが多いです。一般的な職業のボキャブラリーを知っておきましょう。

- 保育士「nursery school teacher（保育所の）」「kindergarten teacher（幼稚園の）」
- コンピュータプログラマー「computer programmer」
- 美容師「hairdresser」
- 建築家「architect」
- トリマー「dog / cat groomer」
- 小説家「novelist」
- カメラマン「photographer」
- ソムリエ「sommelier」「wine taster」
- 技師「engineer」
- 獣医「veterinarian」「vet」
- 税理士「tax accountant」
- 経理担当「accountant」
- 秘書「secretary」
- 薬剤師「pharmacist」
- エステティシャン「beautician」
- 記者「reporter」
- …デザイナー「… designer」
- 調理士「cook」「chef」
- 菓子職人「confectioner」
- 歯科医「dentist」
- 弁護士・司法書士「lawyer」
- 事務「clerk」
- 営業マン「sales representative」
- 受付担当者「receptionist」

モデル例

ネイティブスピーカーが同じテーマについて書いたモデル例です。英語らしい文の組み立てに慣れましょう。

My dream job would be to teach art to children at home. I love art and I have always preferred working with children. Children are interesting to work with because they are imaginative and creative. Adults often think too much when they talk. Children just say what they feel. It's refreshing to talk to children.

I studied art at university and I love to draw, paint and make things. I also love photography and used to teach photography to teenagers in America.

If I could combine working with children and practicing art it would be perfect.

私のやりたい仕事は家で子供に美術を教えることです。美術が大好きだし、子供たちのいるところで働くのが好きなのです。子供は想像力が豊かで独創的なので、子供たちを教えるのはとても興味深いです。大人は話す時考えすぎてしまいがちですが、子供たちは思ったままを言うからです。子供たちと話すと気分が晴れます。

私は大学で美術を専攻していましたし、絵を描いたり物を作ったりするのが大好きです。また写真も大好きで、以前アメリカにいた頃10代の子供に写真を教えたこともあります。

ですから子供に接することと、芸術に関わることが両立できたら、完璧です。

英語で話せるテーマを増やそう

ネタ6 私の日常生活

「ネタ作りのヒント」を参考にして、外国人に話すつもりで自分らしい内容を考えましょう。右ページの「フレーズ・単語」を辞書がわりに活用してください。

ネタ作りのヒント

1. **起きる時間と午前中の行動**（いつも起きる時間と午前中にすること）
2. **日中・午後にすること**（仕事や学校の時間、お昼休みの過ごし方など）
3. **夕方・夜にすること**（仕事や学校が終わってから夜寝るまでの行動パターン）

Date:　　／

ネタ6　私の日常生活　**27**

フレーズ・単語　下の文例や単語をアレンジして使いましょう。

時間を表す表現
- 3時半に「at 3:30」
- 9時から5時まで「from 9:00 to 5:00」
- 家に帰るとすぐ…「as soon as I get home, ...」
- 7時頃「about / around 7:00」
- 夕食後に「after dinner」

❶ 起きる時間と午前中の行動

◆平日／週末はだいたい朝…時に起きます
I usually get up at seven am on weekdays / weekends.
（平日／週末はだいたい朝7時に起きます）

◆毎日…時頃仕事／学校に行きます
I go to work / school around 8:30 am every day.
（毎日8時半頃仕事／学校に行きます）

❷ 日中・午後にすること

◆○曜日から△曜日まで、…時から〜時まで働きます／勉強します
I work / study from 9:00 to 5:30 from Monday to Friday.
（月曜日から金曜日まで9時から5時半まで働きます／勉強します）

◆いつもは午前中に…をして、午後に〜します
I usually do the laundry in the morning and go shopping in the afternoon.
（いつもは午前中に洗濯をして、午後に買い物に行きます）

❸ 夕方・夜にすること

◆たいてい…時頃帰宅します
I usually get home about 6:30 pm.　（たいてい6時半頃帰宅します）

◆毎日夕食後に…します
Every day after dinner, I walk my dog.　（毎日夕食後に犬の散歩に行きます）

◆週に…回〜します
I do aerobics three times a week.　（週に3回エアロビクスをします）

日常の行動
- …と遊びに行く「go / hang out with ...」
- 外食する「eat out」
- 塾に行く「go to cram school」
- ネットサーフィンする「surf the net」
- 洗濯する「do the laundry」
- 掃除をする「clean」
- 残業する「work overtime」
- エクササイズ／ストレッチする「do some exercise / some stretching」
- Eメールをチェックする「check my e-mail」
- 飲みに行く「go for a drink」
- 仕事に行く「go to work」※アルバイトも同じ
- 宿題をする「do my homework」
- 買い物に行く「go shopping」
- アイロンをかける「do the ironing」
- 庭の手入れをする「do some gardening」

日本人の英語＆添削例

ジオスの教師による添削例です。間違いを知ることは上達への近道です。

I get up at six. In the morning, I'm busy with ~~my~~ housework. In the afternoon, my ~~plan~~ **schedule** depends on my children's ~~behavior~~ **plans for the day**. In the evening, I'm very tired. I go to bed **at** about ~~at~~ ten with ~~the~~ **my** youngest daughter **in the same bed**. If I have ~~a~~ **some** free time in the day, I study English or read ~~the~~ magazine**s** ~~and so on~~, **but** ~~But~~ actually I don't **often** have ~~a~~ free time ~~easily~~.

→「housework（家事）」には「my」などは付けない。不可算名詞
→「plan」は大まかな「…する予定」。ここでは具体的な時間を言うので「schedule」の方がよい
→母親の行動が左右されるのは子供たちの「behavior（態度、ふるまい）」というより「plans for the day（その日の予定）」
→通常、家族は「my …」と言う
→欧米では子供と同じベッドで寝る習慣がないので説明する方がわかりやすい
→「暇な時間、自由時間」という意味では「time」は不可算名詞として使われるので「a」は付けない
→特定の雑誌ではないので「the」は付けずに複数形にする
→「don't often …」で「めったに…しない」

生活習慣を話題にするなら、1日を午前、お昼、午後、夕方、夜などいくつかの時間帯に分けて順番に書くのがベストです。

添削例の場合

「I get up at six. In the morning, I'm busy with housework, so I'm very tired. In the afternoon, ….（朝は6時に起きます。午前中は家事で忙しいのでとても疲れます。午後には…）」このように時間帯ごとにまとめて書くと、読み手にも分かりやすい文章になります。

頻度を表す表現

生活習慣やライフスタイルを説明する時には頻度を表す表現が不可欠です。

○ 頻度を表す表現

- 平日は「on weekdays」
- 毎朝・毎晩「every morning / every evening」
- 月曜日から金曜日まで「from Monday to Friday」
- 午前中に「in the morning」
- 夜に「in the evening」
- 2週間に1度「once every two weeks」
- 月に2度「twice a month」
- 毎日「every day」
- 午後に「in the afternoon」
- 毎週末「every weekend」
- 週に1度「once a week」

○ 回数を表す表現

- 1回：once （例：「once a week」週に1回）
- 2回：twice （例：「twice a month」月に2回）
- 3回以上：... times （例：「three times a year」年に3回）

モデル例

ネイティブスピーカーが同じテーマについて書いたモデル例です。英語らしい文の組み立てに慣れましょう。

I usually get up at 9 am during the week. I cook a big breakfast, because breakfast is important for me. Then, if I have to, I do housework. Next I have a shower and get ready for work.

I get to work by 11:30 am if I don't need to arrive earlier. I start work at midday after a cup of coffee. I eat lunch at 4 pm. I usually go to the supermarket and buy some bread, cheese and salad. I also do grocery shopping during my lunch break.

平日はだいたい9時に起きます。朝食はたっぷり用意します。私にとって朝食は大切だからです。それから必要なら家事をします。次にシャワーを浴び、仕事に行く準備をします。

早く出社する必要がない日は11時30分までに出勤し、コーヒーを一杯飲んでから12時に仕事を始めます。午後4時に昼食を食べます。通常はスーパーに行き、パンとチーズとサラダを買います。また昼休みに食料も買っておきます。

Part 2
日常生活について書きましょう

英語で話せるテーマを増やそう

ネタ 7 最近あったこんなできごと！

「ネタ作りのヒント」を参考にして、外国人に話すつもりで自分らしい内容を考えましょう。右ページの「フレーズ・単語」を辞書がわりに活用してください。

ネタ作りのヒント

❶ **いつどんな体験をしたのか**（いつ何が起こったか、読み手を引きつける1文）

❷ **展開、メインのできごと**（具体的な展開、自分が一番感情を動かされた場面）

❸ **振り返ってみて感じたこと**（経験した後どんな風に感じたか）

Date:　　/

A Frightening / Embarrassing / Surprising story about myself

🌀 フレーズ・単語 下の文例や単語をアレンジして使いましょう。

❶ いつどんな体験をしたのか

◆…に本当に怖い／恥ずかしいことが起こりました
A really frightening / embarrassing thing happened to me last Thursday.
(先週の木曜日に本当に怖い／恥ずかしいことが起こりました)

できごとの描写	「a / an＋形容詞／動詞-ing + thing / newsなど（…なこと／ニュースなど）」 ●ぎょっとさせる「frightening」「horrible（※身の毛がよだつようなぞっとする恐怖）」 ●ひどい「terrible」　　　　　　　　　　●びっくりさせる「surprising」 ●恥ずかしい思いをさせる「embarrassing」　●悲しい「sad」 ●ワクワクさせる・興奮させる「exciting」　●素晴らしい「wonderful」

❷ 展開、メインのできごと

◆〜にいた時…があって（…されて）、びっくりしました
I was surprised when an American suddenly asked me a question in English while I was in the park yesterday.
(昨日公園で突然アメリカ人に英語で質問されてびっくりしました)

◆〜していると…。とても…でした
A strange man followed me while I was walking on the street alone last night. I was very scared.
(昨日の夜1人で通りを歩いていると、変な男の人が後をつけてきました。とても怖かったです)

自分の気持ち	「I was 形容詞／動詞-ed（私は…だった）」 ●嬉しい「pleased」「happy（※受け身的）」「glad（※積極的）」 ●驚く「surprised」「astonished（※強い驚き）」 ●怖い「frightened」「terrified（※強い恐怖）」 ●恥ずかしい「embarrassed（※きまりが悪い）」「ashamed（※良心の呵責で）」 ●緊張する「nervous（※人前に出たりして）」「tensed up（※張り詰めた気持ち）」 ●腹が立つ「angry」「mad（※頭に来る）」「upset（※むしゃくしゃ）」 ●がっかりする「disappointed」　　　　　●ワクワクする「excited」 ●とまどう「confused」

❸ 振り返ってみて感じたこと

◆ずっと…だと思っていましたが、今では〜になりました
I always thought Tokyo was a safe city, but now I'm not so sure.
(東京は安全だとずっと思っていましたが、今では自信をもってそうも言えなくなりました)

日本人の英語＆添削例

ジオスの教師による添削例です。間違いを知ることは上達への近道です。

I like ~~to go~~ **going** out ~~because I can feel a lot of excitements.~~ **and doing exciting things.** ~~One day~~ **Recently**
→「one day」は「かなり昔のある日」または「未来のある日」という意味。最近のできごとなら「recently」

I ~~went to~~ **saw** the movie "Perfect Storm" with my boyfriend. ~~I was~~
→「be moved」は強すぎる表現なのでめったに使われない

~~moved~~. **It was fantastic!** You should see it. Then we went to **a** coffee **shop**, and talked
→「coffee」に「喫茶店」という意味はない。「a cafe」または「a coffee shop」とする

~~about~~ **to** each other. I had a very good time (とても楽しいひとときを過ごした). On my way home (帰り道で) I ~~found~~ **saw**
→「talk about our week」など何について話したか書く時に「about」を使う

a **full** bright (輝いている・明るい), moon in the sky from **the** train window. When I ~~found~~ **saw** it I
→「find」はそれまで失っていたり気付いていなかった時に使う。月があることは知っているから「saw」にする

felt ~~happiness~~ **happy**. I had **a** really good day.

ネイティブからのアドバイス

印象的な体験について書いたり話したりする時にはまず最初に一番大切なことや印象深いことを書くと、読み手の興味を引きつけることができます。

添削例の場合

最初に「Recently I had a really good day. I saw the movie "Perfect Storm" with my boyfriend. ...（最近私はとても楽しい1日を過ごしました。彼氏と一緒に「パーフェクトストーム」という映画を見ました。…)」と書くと、読み手はきっと「次に何が起こったのだろう？」と知りたくなるでしょう。

感情を伝える形容詞と前置詞

●形容詞+at／形容詞+by：見たり聞いたりした場合が多い
- I was surprised at / by the news. （私はそのニュースに驚いた）
- I was shocked at / by what he said. （私は彼の言ったことにショックを受けた）
- I was bored by the film. （その映画は退屈だった）
- I was pleased at his success. （彼の成功を聞いて喜んだ）

●形容詞+about：「excited」「worried」「upset」「nervous」「happy」など
- I was excited about my holiday. （私は休暇でワクワクしていた）
- I was worried about my teeth. （私は歯のことが心配だった）

●形容詞+of：「frightened」「proud」「suspicious」など
- I'm frightened of spiders. （クモが怖いんです）
- I'm proud of my brother. （私は兄のことを誇りに思っている）
- I'm suspicious of telephone sales people. （私は電話セールスの人は信用できない）

モデル例

ネイティブスピーカーが同じテーマについて書いたモデル例です。英語らしい文の組み立てに慣れましょう。

A really frightening thing happened to me last Thursday. There was an announcement made by the local police department. They said there had been lots of robberies in the area and that everyone should be really careful about locking their doors. Then they said the most frightening thing. They said that everyone should be careful when walking home in dark streets.

I always thought Tokyo was a safe city, but now I'm not so sure.

> 先週の木曜日に本当に怖いことが起こりました。警察からこの地域で強盗事件が多発しているので戸締まりに注意をするようにという警告がありました。さらに彼らは一番怖いことを言いました。暗い夜道を歩いて帰る時には気を付けるようにとのことでした。
>
> 東京は安全だとずっと思っていましたが、今では自信をもってそうも言えなくなりました。

A place I have visited

英語で話せるテーマを増やそう

ネタ8 私の旅行体験談

「ネタ作りのヒント」を参考にして、外国人に話すつもりで自分らしい内容を考えましょう。右ページの「フレーズ・単語」を辞書がわりに活用してください。

ネタ作りのヒント

1. **旅行の概要**（いつ誰とどこになぜ行ったのかを簡単にまとめる。どんな旅行について書こうとしているのか知らせる）
2. **旅行中にしたこと・行った場所**（◯日目に何をしたか具体的に書く）
3. **旅行先の描写・旅行の感想**（楽しかったか、また行きたいかどうかなど）

Date: /

フレーズ・単語　下の文例や単語をアレンジして使いましょう。

❶ 旅行の概要

◆（いつ）（人）と（場所）に行きました
I went to Australia via Singapore last winter with my mother.
(昨年の冬に母とシンガポール経由でオーストラリアに行きました)
※「…経由で」は「via」が一般的。「by way of」とするとかなりフォーマル

◆…度（場所）に行ったことがあります
I have been to Hong Kong several times.
(何度か香港に行ったことがあります)

❷ 旅行中にしたこと・行った場所

◆〇日目は…をしました
On the first day we arrived early in Sapporo and went to see the snow sculptures.
(初日は早く札幌に着き、雪像を見に行きました)

◆毎日…に行ったり〜したりしました
I went swimming, boating and scuba diving every day.
(毎日泳ぎに行ったり、ボートに乗ったり、スキューバダイビングに行ったりしました)

◆…な町に滞在しました
We stayed in a beautiful quiet town near Bangkok.
(バンコクの近くの静かで美しい町に滞在しました)

観光・娯楽	●展覧会「exhibition」 ●お祭り「festival」 ●博物館「museum」 ●美術館「art gallery」 ●カジノ「casino」 ●(キリスト教の)教会「church」 ●観光地「sightseeing spot」	●博覧会「exposition」 ●ライブショー「live performance」 ●水族館「aquarium」 ●植物園「botanical garden」 ●城「castle」 ●遺跡・記念物「monument」

❸ 旅行先の描写・旅行の感想

◆…な時間を過ごしました
We had a wonderful time.
(私たちはとても素晴らしい時間を過ごしました)

◆…の人はとても〜でした
The people in Canada were very friendly.
(カナダの人はとてもフレンドリーでした)

旅行先について	●歴史上重要な「historic」 ●のんびりした・のどかな「peaceful」 ●刺激的な「exciting」 ●治安の悪い「dangerous」	●静かな「quiet」 ●にぎやかな「lively」 ●治安のいい「safe」 ●息を飲むほどすごい「breathtaking」

日本人の英語 & 添削例

ジオスの教師による添削例です。間違いを知ることは上達への近道です。

Last year I went to L.A. ~~in US~~ with my friend. It ~~was~~ **is** a nice city.
→ロサンゼルスは有名なのでUSは不必要
→場所についての事実を述べる時は現在形を使う

We went to Disneyland and the Grand Canyon. We ~~spent a happy~~ **had good/great** time.
→「楽しかった」は「have a good / great time」

~~First~~ **On the first** day we went to Disneyland. We met ~~a~~ Mickey Mouse. Then
→序数には「the」を付ける
→固有名詞には冠詞が付かない

we ~~rode in a vehicle~~ **got into a car / got on a bus など**. It was great. ~~Second~~ **On the second** day we went to the
→「(乗り物)に乗る」は「get on」または「get into」
→「vehicle (乗り物)」は具体的に乗り物の種類がわからないので不自然

Grand Canyon ~~at a plane~~ **by** **for a tour**. ~~We~~ **It** took two hours from Las Vegas to the
→交通手段を表す時は「by ...」を使う。「a」「an」は付けない
→移動にかかった時間を言うには「It took ...」

Grand Canyon. It was very beautiful and large. ~~But~~ **Unfortunately** I didn't see the
→文頭で「but」「and」「so」などの接続詞を使うのは好ましくない。「Unfortunately (残念ながら)」などの副詞を上手に使って文をつなげよう

sunset. Someday I want to see the sunset in the Grand Canyon.

ネイティブからのアドバイス

旅行の体験について書く時は、最後に行った場所についてあなたが感じたことを述べて締めくくるといいでしょう。

添削例の場合

「.... We had a great time. (…。とても楽しかったです)」
このように最後にあなたの感想を書くことで、その体験談がとても生き生きしたものになり、文章が引き締まります。

形容詞の順番

マスターしよう

場所などを説明する時に形容詞を複数並べる順番には決まりがあります

●「主観・意見を表す形容詞」→「事実を表す形容詞」の順番になる

- 主観・意見：「beautiful」「interesting」など
- 事　　実：「old」「large」「square」「wooden」など

(例) a beautiful old castle（美しい古城）
　　 an interesting large square wooden house（興味深い大きな四角い木の家）

●さらに細かく分けると通常次のような順番になる

冠詞	意見・主観	大きさ	年代・古さ	色・形	起源・国名など	材質	名詞
an	interesting	large		square		wooden	house
a	beautiful		old				castle
an	amazing	small	traditional	blue	Japanese	fabric	coaster

モデル例

ネイティブスピーカーが同じテーマについて書いたモデル例です。英語らしい文の組み立てに慣れましょう。

　　Last week my boyfriend and I went to the Snow Festival in Sapporo. On the first day we arrived early in Sapporo and looked at the snow sculptures. Then we took a cable car up to the top of a mountain. The view was amazing but it was so cold.
On the second day we went to Otaru and ate asparagus and potatoes. They were so good. We had some of the local beer. It was really tasty.
　　We had a wonderful time. It was beautiful and romantic. I hope to go there again sometime.

　先週彼氏と私は札幌の雪祭りに行きました。初日は早くに札幌に着いて雪像を見ました。それからケーブルカーに乗って山の頂上まで行きました。景色は素晴らしかったけれどとても寒かったです。2日目は小樽に行ってアスパラガスとジャガイモを食べました。すごく美味しかったです。地ビールも飲みましたが、それもとても美味しかったです。
　私たちはとても素晴らしい時間を過ごしました。美しくてロマンチックな時間でした。いつかまた行きたいです。

英語で話せるテーマを増やそう

ネタ9 病気・怪我の経験

> 「ネタ作りのヒント」を参考にして、外国人に話すつもりで自分らしい内容を考えましょう。右ページの「フレーズ・単語」を辞書がわりに活用してください。

ネタ作りのヒント

1. **いつどこでどんな病気になった／怪我をしたのか**（端的に書く）
2. **原因・経過**（病気や怪我の原因、症状などを具体的に）
3. **病気・怪我の治療法と感想**（最後にどうなったか、どう感じたか）

Date:　　/

フレーズ・単語　下の文例や単語をアレンジして使いましょう。

❶ いつどこでどんな病気になった／怪我をしたのか

◆…歳の頃〜で事故に遭いました
When I was twelve years old I had an accident in the school playground.
（私は12歳の頃小学校の運動場で事故に遭いました）

◆…年前〜をしていて足を骨折しました
I broke my leg two years ago when I was skiing.
（2年前スキーをしていて足を骨折しました）

怪我	●(足を)骨折した「broke (my leg)」 ●(肩を)脱臼した「dislocated (my shoulder)」 ●(足首を)捻挫した「sprained (my ankle)」 ●(指を)やけどした「burned (my finger)」 ●(ひざを)打撲した「bruised (my knee)」
病名	●貧血「anemia」　●アトピー性皮膚炎「dermatitis」 ●花粉症「hay fever」　●アレルギー性鼻炎「rhinitis」 ●ぜんそく「asthma」　●虫歯「a cavity」　●関節炎「arthritis」 ●じんましん「hives」　●扁桃腺炎「tonsillitis」 ●胃潰瘍「a stomach ulcer」　●不眠症「insomnia」

❷ 原因・経過

◆…に痛みを感じたので病院に行きました
I felt a sharp pain in my stomach so I saw a doctor.
（胃にきりきり痛みを感じたので病院に行きました）

◆私は気を失っていました
I was unconscious for a few minutes.
（数分間気絶していました）

体の部分	●心臓「heart」　●肺「lung」　●腎臓「kidney」　●肝臓「liver」 ●腸「bowels」　●胃「stomach」　●靭帯「ligament」　●皮膚「skin」 ●関節「joint」※股関節「hip joint」膝関節「knee joint」など
症状	●高熱・微熱が出る「have a high / slight fever」 ●下痢をする「have diarrhea」 ●(…から)出血する「bleed (from ...)」　●内出血する「bleed internally」 ●…が痛い「have a ... ache」　●吐き気がする「feel nauseous」 ●発疹ができる「come out in a rash」

❸ 病気・怪我の治療法と感想

◆病院で…をしてもらいました
I got / had an injection at the doctor's office.
（病院で注射をしてもらいました）

◆…のために入院しました
I was hospitalized for observation.
（検査のために入院しました）

治療	●点滴を受けた「I was put on an intravenous drip.」 ●手術を受けた「I had an operation.」 ●入院した「I was hospitalized / taken into hospital.」 ●親知らずを抜いた「I had my wisdom tooth pulled out.」 ●注射してもらった「I had / got an injection.」

日本人の英語 & 添削例

ジオスの教師による添削例です。間違いを知ることは上達への近道です。

~~When~~ **While** I was working, I ~~have ever~~ **dislocated** my hip joint. ~~Soon~~ **Shortly after this happened** I
→過去にあった事実は過去形。現在完了ではない
→「My hip joint was dislocated.」でもOK
…を脱臼した / 股関節
→「この後すぐに」という意味

~~went to orthopedics. Doctor saw~~ **was taken to an orthopedic doctor He looked at** my ~~x-ray.~~ **X-ray and He** explained ~~to me~~
→「整形外科医」のこと。スペルは「orthopaedic doctor」でもよい
→じっくり見るのは「look at」
→レントゲン写真
→主語が同じなので「and」で2文をつないで繰り返しを避ける
説明した

~~"You'll get the operation." he said.~~ **that I needed an operation.** I ~~thought shock,~~ **was shocked** but I
→「have+目的語+過去分詞形」で「〜を…してもらう」。この場合は「手術をしてもらう」
→「ショックを受けた」は受動態。「be shocked」

~~consented to the operation. Then I had the operation,~~ **agreed have it done After** I was
→「consent to …」も「…に同意する」という意味だがフォーマルすぎる
→「I …」で始まる文が続くのはあまりよくないので「After …,」で1文にしてシンプルに

bedridden for a month, but I'm ~~very well~~ **much better** now.
寝たきりの / 1ヵ月間
→この「よくなった」は「前より」という意味が入っているので、比較級を使う

ネイティブからのアドバイス

病気や怪我の経験を書く時は、何が起こったのかひとことで書いてから具体的に状況を説明していくと、読み手の気持ちを引きつけることができます。

添削例の場合

「While I was working I had an accident. I dislocated my hip joint …（仕事中に事故に遭いました。股関節を脱臼して…）」または
「I was taken to an orthopedic doctor, because while I was working I dislocated my hip joint …（私は整形外科に運ばれました。理由は私が仕事中に股関節を脱臼して…）」
常に読み手を意識して書いたり話したりすることが大切です。

病状・体調の表現

● ネイティブが病状を説明する時に使う一般的な表現

- 「I have a - (体の部分) ache. (…が痛い)」
  I have a stomachache. (お腹が痛い)
- 「My ... are / is tired. (…が疲れて痛い)」
  My feet are tired. (足が疲れた)
- 「Recently I've been feeling .... (最近…を感じる)」
  Recently I've been feeling sick in the morning. (最近朝は気分が悪い)

● 現在完了進行形を使うと理由を説明できる

- 「I have / haven't been -ing, so .... (~だったので…)」
  I've been working hard, so my eyes are tired. (働きすぎで目が疲れている)
  I've been exercising every day, so my muscles are sore.
  (毎日運動をしているので筋肉痛だ)
  I haven't been eating well, so I have no energy.
  (最近きちんと食事をしていないので、力が入らない)

モデル例

ネイティブスピーカーが同じテーマについて書いたモデル例です。英語らしい文の組み立てに慣れましょう。

When I was twelve years old I had an accident in the school playground. I opened the school gate and pushed it too hard. It hit the gate stop and bounced back into my head. The gate hit my head really hard. It cut my forehead badly and knocked me out. I was unconscious for a few minutes.

When I regained consciousness I was covered in blood. My head was bleeding heavily. One of my friends in the playground took me to a teacher, who then took me to hospital. I had seven stitches and a bad headache.

私は12歳の頃学校の運動場で事故に遭いました。学校の門を開けた時強く押しすぎたのです。扉が扉止めに当たって私の頭に激しく跳ね返ってきました。当たり方があまりにも激しかったので額が切れて倒れてしまいした。数分間気絶していました。

意識を回復した時には血だらけで、頭から激しく出血していました。運動場にいた友達の1人が私を先生の所に連れて行ってくれ、それから先生が私を病院へ連れて行ってくれました。7針縫って、激しい頭痛がしました。

英語で話せるテーマを増やそう

ネタ 10　今度の休みの予定は？

「ネタ作りのヒント」を参考にして、外国人に話すつもりで自分らしい内容を考えましょう。右ページの「フレーズ・単語」を辞書がわりに活用してください。

ネタ作りのヒント

1. **どんな休みにどこで何をするのか**（始めに休みの計画を端的に書く）
2. **計画の詳細**（具体的な予定を書く。計画の中でも特に興味をもっていることを強調するとよい）
3. **そのプランについて思っていること**（一番楽しみなこと、ワクワクしていること、不安なことなど）

Date:　　/

Weekend plans, holiday plans

ネタ10 今度の休みの予定は？ **45**

🌀 フレーズ・単語　下の文例や単語をアレンジして使いましょう。

❶ どんな休みにどこで何をするのか

◆…の休暇には〜しようと思っています
For my Christmas holiday **I plan to** take my mum sightseeing in Tokyo.
（クリスマス休暇に私は母を東京観光に連れて行こうと思っています）

◆次の日曜日には…と〜する予定です
I am going to a movie with my friend **next Sunday**.
（次の日曜日には友達と映画を見に行く予定です）

日 時	●次の日曜日に「next Sunday」※週の前半に言えばその週（「this Sunday」と同じ意味）、日曜日の直前に言えば来週の日曜日という意味になる ●この週末に「this weekend」　●天気がよければ、…「weather permitting, ...」 ●次の休日には「on my next day off」 ●来年の夏休みには「during the next summer vacation」
休みに すること	●ドライブに行く「go for a drive」　●カラオケに行く「go to karaoke」 ●ビデオを見る「watch videos」　●バーベキューをする「have a BBQ / barbecue」 ●買い物に行く「go shopping」　●美容院に行く「go to a beauty salon」 ●飲みに行く「go bar-hopping」　●家の掃除をする「clean the house」 ●家でゆっくりする「take a rest at home」「relax at home」 ●友達に会う「meet a friend」 ●…とデートをする「go on a date with ...」「go out with ...」 ●食事に出かける「eat out」「dine out」

❷ 計画の詳細

◆…するつもりです
We plan to visit temples, Japanese gardens, and so on.
（私たちはお寺や日本庭園などに行くつもりです）

◆…したいと思っています
We are hoping to cook a traditional English Christmas dinner on Christmas Day.
（クリスマスには伝統的なイギリスのクリスマスディナーを作りたいと思っています）

❸ そのプランについて思っていること

◆…がとっても楽しみです
I'm really looking forward to my mum visiting me and sharing my Christmas in Japan.
（母が来て日本で一緒にクリスマスを過ごせるのがとっても楽しみです）

日本人の英語＆添削例

ジオスの教師による添削例です。間違いを知ることは上達への近道です。

Every year, I'm planning to go somewhere special for my in summer vacation.
→「毎年」があるので「go ...（…に行く）」と現在形にする。習慣を言う時は「be planning to」は不要
→「somewhere」は「どこかへ」という副詞なので「to」はいらない。「go somewhere」で「どこかへ行く」
→「(summer) vacation」はアメリカ英語。イギリスでは「(summer) holiday」と言う

This year, I'm going to I'll be out of town in Osaka for a few days. Why did I choose do I trip to the Osaka?
→旅行の予定はたいてい期間を言う。「for a few days（2、3日間）」など
→「trip」には「旅行する」という動詞の意味はない。「choose（選ぶ）」を使って「なぜ大阪を選んだか？」とするか「Why do I travel / go to...?」とする

Because this city has Osaka is many kinds of food, and I want I'd like to do an "eating tour"
→繰り返しを避けるため「Osaka」を「this city」に置き換える
→「eating tour（食べ歩き）」は一般的な単語ではないので、「" "」を付ける方がよい

of Osaka with my friend. I'm going to eat okonomiyaki (Japanese-style pizza) for lunch
→お好み焼は日本独特の食べ物なので、相手がよく知らない場合は説明が必要

and find a good Italian restaurant dinner with some delicious nice desserts.
→「delicious」という単語は非常に大げさで晩餐会のような豪華なイメージを与える。一般的な食事なら「nice」が普通

I am looking forward to this/my trip this vacation.
→「be looking forward to」の後には必ず名詞か動名詞（動詞+ing）がくることに注意

ネイティブからのアドバイス

週末や休暇の予定について書く時「なぜその予定を立てたか？」から書き始めるというのも1つのよい方法です。

添削例の場合

「Every year .... This year I want to do an "eating tour" of Osaka with my friend. Why did I choose Osaka? Because ...（毎年…。今年は友達と大阪で「食べ歩き」をしたいと思っています。なぜ大阪を選んだか？それは…」
添削例の元の文章では「Because ...」の後にしたいことがたくさん書かれてあって大阪を選んだ理由が曖昧になってしまっています。先に「食べ歩きがしたい。なぜ大阪を選んだかというと大阪には…や〜のような美味しいものがあるから」のようにすると、流れがシンプルで分かりやすい文章になります。

ネタ10 今度の休みの予定は？

マスターしよう

「I plan to ....」 と 「I'm going to ....」
予定の話をする時は実現する可能性によって表現を使い分けよう。

● まだ確定していない五分五分の予定なら

- 「I plan to .... (…する予定です)」
  I plan to go to Kawagoe this weekend. (今週末は川越に行く予定です)

● 「100％決まっているなら」

- 「I'm going to .... (…するつもりです)」
  This weekend I'm going to cook curry for Lisa, Sam and my boyfriend.
  (この週末はリサとサムと彼氏のためにカレーを作るつもりです)

● まだ希望の段階なら

- 「I want to ....」または「I'd like to ....」
  I want to do a tour of all the vineyards in the Napa Valley.
  (ナパバレーのぶどう畑を全部見学したい)

モデル例

ネイティブスピーカーが同じテーマについて書いたモデル例です。英語らしい文の組み立てに慣れましょう。

> For my Christmas holiday I plan to take my mum sightseeing in Tokyo. My mum will be visiting from England and it will be her first time in Japan.
>
> We plan to visit temples, Japanese gardens and some famous sightseeing spots like Asakusa, Yokohama and Odaiba. We are hoping to cook a traditional English Christmas dinner on Christmas Day for some friends and have a party with presents and a Christmas tree.
>
> I'm really looking forward to my mum visiting me and sharing my Christmas in Japan.
>
> クリスマス休暇に私は母を東京観光に連れて行こうと思っています。母はイギリスから訪ねてくることになっていて、日本に来るのは今回が初めてです。
> 私たちはお寺や日本庭園、赤坂、横浜、お台場などの有名な観光スポットに行くつもりです。クリスマスには伝統的なイギリスのクリスマスディナーを作り、友達を呼んでプレゼントを交換しあったりクリスマスツリーを飾ったりしてパーティーを開きたいと思っています。
> 母が来て日本で一緒にクリスマスを過ごせるのがとっても楽しみです。

Part 3
好き嫌いを主張しましょう

英語で話せるテーマを増やそう
ネタ11 好きな異性のタイプ

「ネタ作りのヒント」を参考にして、外国人に話すつもりで自分らしい内容を考えましょう。右ページの「フレーズ・単語」を辞書がわりに活用してください。

ネタ作りのヒント

1. **好きな異性のタイプを端的に**（まずひと言でどんなタイプが好きかを書く）
2. **詳しい説明**（さらに詳しく説明し、好きな理由も書く）
3. **そのタイプの人といる時どう感じるか**（最後に好きなタイプの人といるとどんな風に感じるか、何をして過ごしたいかなどを書く）

Date:　　/

フレーズ・単語　下の文例や単語をアレンジして使いましょう。

❶ 好きな異性のタイプを端的に

◆私は…な男性／女性が好きです
I like a man / woman who is kind and intelligent.
（私は優しくて知的な男性が好きです）

◆私は…なタイプが好きです
I like the shy, caring type.
（私は恥ずかしがりで気が付くタイプが好きです）

❷ 詳しい説明

◆彼／彼女は…です。というのも私が〜の時に…する／しないからです
He / She is funny because he / she makes me laugh even when I'm feeling stressed or down.
（彼はおもしろい人です。私がストレスを溜めたり落ち込んでいる時でさえ私を笑わせてくれるのです）

人の長所	
●明るい・陽気な「cheerful」	●知的な「intelligent」
●気が付く「caring」	●優しい・親切な「gentle」「kind」
●おっとりした「calm」	●率直な「frank」
●正直な「honest」	●気楽な「laid-back」
●芸術的な「artistic」	●寛大な「generous」
●お茶目な「playful」	●おしゃべりな「talkative」
●無口な・物静かな「quiet」	●分別のある「sensible」
●頼りになる「reliable」	●自立した「independent」
●堅い・真面目な「serious」	●遠慮がちな「reserved」

❸ そのタイプの人といる時どう感じるか

外見の描写	
●中肉中背の人「medium-built」「medium-sized」「man / woman of average height and weight」	●背が高くて痩せている「tall and thin」
●恰幅のいい「full-figured」	●立派な骨格の「big-boned」
●がっしりした「well-built」	●大柄な「large」※「fat（太った）」や「obese（肥満の）」は失礼
●小柄な「rather small」	
●痩せた「slim」※「thin」「skinny」は失礼	
●美人の／ハンサムな「good-looking」	

◆こういうタイプの人には…です
I will never get bored of this kind of person.
（こういう人には決して飽きることがありません）

ネタ11 好きな異性のタイプ

日本人の英語＆添削例

ジオスの教師による添削例です。間違いを知ることは上達への近道です。

Ken is my boyfriend. He is ~~the kind of man I fancy~~ **exactly my type**. He is not so tall but he is good-looking.

He is ~~always~~ caring(気が付く), reliable(頼りがいがある) and creative(創造力がある). He makes ~~many~~ things for me~~,~~ ~~For example~~ **like** the photo album **he made me** for my birthday. I love it~~,~~ ~~And it is my~~ **and I** treasure **it**. We always have a good time when we are together.

→ 「私の好きなタイプ」は「my type」

→ 「for example」より「like」の方がカジュアル。日常会話では「like」を使うことが多い

→ 「tresure」を「…を大切に保管する」という動詞として使う方が自然

My friend often says "I love Takuya Kimura~~,~~" ~~But~~ **but** I love Ken~~,~~ **and** ~~And~~ he loves me. ~~so much. So I'm always happy.~~ **It makes me very happy.**

→ 「and」「but」「so」などを文頭に置くのは好ましくないので、一文にする

ネイティブからのアドバイス

好きな人物のタイプを話題にする場合、1人例を挙げてその人の好きな点とその理由を説明するのがよい方法です。最後にその人と一緒にいる時あなたがどう感じるか、ということを書きましょう。

添削例の場合

Kenという人について彼の好きなところを具体例を挙げて説明して書いているところがよい点です。「Ken, my boyfriend, is my favorite kind of person. He is caring, reliable and creative. ....（私の彼、ケンは私の好きなタイプの人です。彼はよく気がつくし頼りがいがあって創造力があります。…）」とすると理想のタイプについて書こうとしているという書き手の趣旨がより分かりやすくなります。また、最後の1文は「It makes me very happy and there's always a smile on my face.（だから私はとても幸せです。いつも笑顔でいられます）」と少し詳しく書くと「happy」な様子がよりよく伝わってきます。

人のタイプを描写する

人の性格や外見を描写する時は以下のような表現を使うのが一般的です。

●形容詞を「人」の前に付ける方法
- I like friendly people. （人当たりのいい人が好きです）

●関係代名詞「who」を使って表現する方法
- I like a person who is friendly. （人当たりのいい人が好きです）

●「so」や「such」を使って表現する方法
「so」の後は形容詞か副詞、「such」の後は最後に必ず名詞
- He's so kind. He always opens the door for me.
（彼はとても思いやりがあります。私のためにいつもドアを開けてくれます）
- He's such a kind person. He always opens the door for me.
（彼はとても思いやりがある人です。私のためにいつもドアを開けてくれます）

その他の例→
- so beautiful （本当に美しい）
- so strong （非常に強い）
- such great eyes （とても大きい目）
- such a funny story （すごくおかしな話）

モデル例

ネイティブスピーカーが同じテーマについて書いたモデル例です。英語らしい文の組み立てに慣れましょう。

My boyfriend is my favorite kind of person. He has all the characteristics which I think are important. He is understanding, intelligent, funny and passionate.

He is understanding because even when I have to work late or at weekends he never complains. He is intelligent not just because he is good at university subjects but because he thinks about everything. He makes me laugh even when I'm feeling stressed or down. And he is passionate because he has lots of interests and is excited by even the most ordinary things.

I will never get bored of this kind of person.

私は、私の彼のような人が大好きです。彼は私が重要だと思う性格をすべて備えているのです。理解があり、聡明で、おもしろくて情熱的です。
　理解があるというのは、私が仕事で遅くなったり週末に仕事があったりしても不満を言ったりはしないからです。また聡明なのは大学の成績がいいからというだけではなく、あらゆることについて考えているからです。彼はまた私がストレスを溜めたり落ち込んでいる時でさえ私を笑わせてくれます。それに情熱的というのは好奇心が旺盛で何でもないことにさえワクワクするからです。
　こういう人には決して飽きることがありません。

英語で話せるテーマを増やそう

ネタ12 私の好きなスポーツ

「ネタ作りのヒント」を参考にして、外国人に話すつもりで自分らしい内容を考えましょう。右ページの「フレーズ・単語」を辞書がわりに活用してください。

ネタ作りのヒント

1. **好きなスポーツは何か**（まず好きなスポーツの名前を挙げる）
2. **好きな理由**（なぜそのスポーツが好きか、している時／見ている時にどう感じるか）
3. **どんな時にする／見るのか**（最後にそのスポーツをしたり見たりするのはどんな時か書いて締めくくる）

Date:　　／

🎯 フレーズ・単語　下の文例や単語をアレンジして使いましょう。

❶ 好きなスポーツは何か

◆ …が一番好きなスポーツです
 Soccer is my favorite sport.（サッカーが一番好きなスポーツです）
◆ …を観戦するのが大好きです
 I love to watch baseball games on TV.（テレビで野球を観戦するのが大好きです）
◆ 最近…に凝っています
 Recently I'm into snowboarding.（最近スノーボードに凝っています）

❷ 好きな理由

◆ …なので～を始めました
 Because I'm tall, I started to play volleyball.
 （私は背が高いのでバレーボールを始めました）
◆ それは…のために最高のスポーツです
 It's a really great sport for getting rid of stress.
 （それはストレス解消には最高のスポーツです）
◆ …を観戦すると私は～（な気分）になります
 When I watch kickboxing I get really excited.
 （キックボクシングを見ると、とても興奮します）
◆ …が好きなのは～のためです
 I love baseball because of its great team spirit.
 （野球が好きなのは素晴らしいチーム精神があるからです）

スポーツに関する言葉	●プロの「professional」 ●チームスピリット「team spirit」 ●勝つ「win」 ●引き分ける「draw」 ●監督「manager」	●アマチュアの「amateur」 ●…に勝つ「beat ...」「defeat ...」 ●負ける「lose」 ●団体競技「team sport(s)」
スポーツの目的	●健康を維持する「keep fit」 ●筋力を付ける「strengthen muscles」	●ストレスを解消する「get rid of stress」 ●楽しむ「have fun」

❸ どんな時にする／見るのか

◆ （いつ）（誰と）…を見に／しに行きます
 I often go to baseball parks after work with my friends to see night games.（よく仕事の後に友人とナイターを見に野球場に行きます）

日本人の英語 & 添削例

ジオスの教師による添削例です。間違いを知ることは上達への近道です。

I started ~~to dive~~ **scuba diving** last month. ~~First time~~, **At first**, I ~~frightened to dive~~ **was frightened of diving** in
→ 始めたことがしばらく継続すると考えられる場合には「start -ing」の方が好まれる
→ 「At first」で「最初のうちは、初めは」の意味
→ 「…するのが怖い」は「be frightened of -ing」

the sea~~.~~**,** ~~But~~ **but** I ~~amused to do~~ **enjoyed it the** second time. ~~At last~~, **Finally** I **was really** excited ~~to~~
→「楽しんだ」は「enjoyed」が一般的。「amuse」は「…を楽しませる」なので「amused myself with it」となら通じる
→「最後には」という意味。「At first」との対比で用いられる

~~do~~ when we saw a shark!! He **was** surprised to see us. He stared **at us**

harder and harder
~~more and more hard~~ **but finally moved on**.
→「比較級 and 比較級」は進行中、途中経過だということを表すので「but finally …」のような結論が必要

try new
   to   things
It's important ~~things~~ for us ~~that we~~ **challenge the now. Now**
→「try new things」で「新しいことにチャレンジする」の意味

A new challenge helps us experiment and become independent.
~~move in our life will be free and it will be know "my way is mine." I will~~
→「新しいことへの挑戦が私たちの自立心を養う」という意味。元の文だと意味が伝わらない。
→この文は不要

                           go **diving**
~~do what I want to do.~~ I will try to ~~dive~~ next season.
→ スポーツで「…するつもり」という時は「will go …ing」が普通。「will dive」だと「調査などの特別な目的で潜る」というようなニュアンスになってしまう

ネイティブからのアドバイス

まず最初に一番好きなスポーツを1つ限定してその理由を書きます。その後に、そのスポーツをしたり見たりする時の気持ちや経験を具体的に書き、最後に今後の目標や希望を書くのが分かりやすいスタイルです。

添削例の場合

「I love scuba diving. I started it last month, because I thought something new would help me develop and become independent. At first …（私はスキューバダイビングが大好きです。何か新しいことを始めれば自分を成長させ自立心が養われると思ったので先月始めました。最初は…）」と書き始めて、具体的な体験談につなげ、最後は例のように「I will try to go diving next season.（次のシーズンにも挑戦しようと思います）」と締めくくるとよいでしょう。

上手・下手を表現する

●自分の運動能力について言う時は「can」、否定形は「cannot」「can't」を付ける。「be able to」を使ってもOK

- I can / cannot play tennis. （私はテニスができる／できない）
- I can / can't swim well. （私は泳ぎがとても上手だ／あまり上手ではない）

●平均的な能力しかない場合は次のように言う

- I can play tennis, but not very well. （テニスができるがあまりうまくない）

●「…より上手」「…より下手」と言う時は次のような表現を使う

- I can play football better than any other sport.
  （私は他のどのスポーツよりもサッカーが得意です）
- I can play football better than I can play rugby. （私はラグビーよりもサッカーが得意です）
- I can play football better than Nakata. （私は中田よりもサッカーが上手です）
- I am worse than my sister at tennis. （私は妹よりテニスが下手です）

モデル例

ネイティブスピーカーが同じテーマについて書いたモデル例です。英語らしい文の組み立てに慣れましょう。

I love kickboxing. It's a really great sport for getting rid of stress. It's fun to practice kicks after a hard day at work. It's also good for building strength.

I sometimes go to kickboxing tournaments on weekends. I get really excited watching the fighters. I can imagine what it feels like to kick and be kicked.

My favorite kickboxer is Jean Claude Van Damme. I've seen all his movies. He's got some great moves!

私はキックボクシングが大好きです。ストレス解消には最高のスポーツです。1日の忙しい仕事が終わった後でキックの練習をするのはとても楽しいです。また体を鍛えるにもよいスポーツです。

週末には時々キックボクシングの試合を見に行きます。プロボクサーの試合はとても興奮します。キックしたりされたりするとどんな気分なのか想像がつきます。

私の大好きなキックボクサーはジャン・クロード・バン・ダムです。彼の出演した映画は全部見ています。最高の動きをしています。

ネタ 13 私が一番好きな季節

The season I like the best

「ネタ作りのヒント」を参考にして、外国人に話すつもりで自分らしい内容を考えましょう。右ページの「フレーズ・単語」を辞書がわりに活用してください。

ネタ作りのヒント

1. **一番好きな季節**（まず自分の好きな季節をはっきり書く）
2. **理由・他の人の反論**（なぜその季節が好きなのか、その季節にどんなことをするのか、また他の人の反対意見などについて書く）
3. **その季節で一番好きなこと**（最後にその季節の最も好きな点を書く）

Date:　　/

🌀 フレーズ・単語　下の文例や単語をアレンジして使いましょう。

❶ 一番好きな季節

◆私の一番好きな季節は…です。～できるからです

My favorite season is spring because I can see so many beautiful flowers. （私は春が一番好きです。きれいな花がたくさん見られるからです）

◆私はどの季節よりも…が好きです。～だからです。

I like autumn more than any other season because it's not too hot or too cold. （私はどの季節よりも秋が好きです。暑すぎもせず寒すぎることもないからです）

❷ 理由・他の人の反論

◆～に…するのが大好きです

I love to go out walking in the evening in autumn.
（秋の夕方に散歩をするのが大好きです）

◆…という人もいますが、～ので私は○が一番好きです

Some people say they can't bear the summer in Japan because it's so humid, but I like summer best because I was born in summer and don't mind the humidity.
（日本の夏は非常に蒸し暑くて我慢できないという人もいますが、私は夏生まれで湿気も気にならないので、夏が一番好きです）

気候・天候	●天気予報「weather forecast」 ●気象警報／注意報「a weather warning / advisory」 ●降雨量「rainfall」　●積雪量「snowfall」 ●冷夏「a cold summer」　●暖冬「a mild winter」 ●最高気温「the highest temperature」　●最低気温「the lowest temperature」 ●平均気温「an average temperature」　●快晴の「clear」 ●晴れの「fair」　●曇りの「cloudy」　●霜（が降りる）「frost」 ●霧（がかかる）「fog」　●みぞれ（が降る）「sleet」　●ひょう（が降る）「hail」 ●雷雨「thunderstorm」　●稲妻「lightning」 ●氷点下「below freezing point」　●小雨・大雨「light / heavy rain」 ●どしゃぶり「a downpour」　●霧雨（が降る）「drizzle」　●にわか雨「a shower」 ●大雪「heavy snow」　●吹雪「a snowstorm」　●つらら「an icicle」 ●そよ風（が吹く）「breeze」　●不安定な天気「unstable weather」 ●穏やかな気候「a mild climate」
暑さ・寒さ	●肌寒い「chilly」　●凍えるような「freezing」 ●蒸し暑い「humid」　●べとべとする「sticky」 ●湿った「wet」「damp」

❸ その季節で一番好きなこと

◆中でも…が一番好きです

Most of all, I like going home to a warm apartment after a nice long walk. （中でも、長い散歩をして暖かいマンションに帰るのが一番好きです）

日本人の英語＆添削例

ジオスの教師による添削例です。間違いを知ることは上達への近道です。

I ~~am~~ **feel** weak ~~in the hot of summer and the cold of winter~~ **when it's too hot or too cold**, ~~So~~ **so** I like spring and autumn. ~~But~~ I like autumn better than spring**, because** ~~In~~ ~~autumn~~ there ~~are~~ **is** ~~many delicious~~ **a lot of good** foods **(pears, mushrooms and so on)** and ~~many joyful~~ **lots of interesting** events. ~~For example, a pear, a mushroom,~~ **like** sports **meetings and festivals**. I can ~~enjoy playing~~ **like** sports and ~~traveling~~ **travel**. ~~Especially,~~ **Most of all,** I like beautiful red leaves **views full of** ~~view~~.

- → 「だるく感じる」という場合は「feel weak」。「be + weak」は「～は弱い」という意味
- → 「so」で文を始めるのは好ましくないので1文に
- → 「because ...（…なので）」を使って2つの文をつなぐと、「autumn」を繰り返さずに済む
- → 「food」は通常数えられない
- → 「food」が単数形なので「are」は「is」に。「many」も使えない
- → 「delicious」は非常に豪華な料理をイメージさせるので、普通は「good」などを使う
- →(pears, mushroom ...)は「梨、キノコなど」という意味。それぞれ1つではないので複数形にする
- → 「like ...（…のような）」の代わりに「such as ...」でもOK
- → 「sports meetings」は「スポーツの大会」「運動会」。「lots of interesting events」の例なので2つ以上挙げる方がよい
- → 「especially」は同じ様な物の中から選び出す時に使うので、ここでは「most of all」や「in particular」が一般的

ネイティブからのアドバイス

季節や気候に関する話題は日常生活でよく交されます。季節について書く場合には、最初に一番好きな季節を挙げてから理由を説明していきます。「... because ～（…です。～だからです）」というスタイルで書くと、読み手は理由を知りたくなり文章を読む気になるからです。

添削例の場合

「I like spring and autumn because I feel weak both when it's too hot or too cold.（私は春と秋が好きです。暑すぎたり寒すぎたりするのには弱いからです）」と始める方がよいでしょう。添削例のように「I feel weak ...」と否定的なことから書き始めてしまうと、読み手は最初から気分が沈んでしまいます。

ネタ13 私が一番好きな季節 ● 61

マスターしよう

どちらが好きかを言う

どちらが好きかを言う時は次のような比較表現を使います。その後で理由を述べるのが普通です。

- 「I prefer A to B.」
- 「I like A better than B.」
  (私はBよりもAの方が好きです)

- I prefer spring to autumn because I love to see the new leaves on the trees.
  (私は秋よりも春が好きです。新緑を見るのが好きだからです)
- I like summer better than winter because I can go to the beach and swim.
  (私は冬より夏が好きです。海で泳げるからです)

モデル例

ネイティブスピーカーが同じテーマについて書いたモデル例です。英語らしい文の組み立てに慣れましょう。

I like autumn more than any other season because it's not too hot or too cold.

I love to go out walking in the evening in autumn. You can see the autumn leaves turning red, orange and gold. You can smell a little coldness in the air, and you can feel a light breeze on your face.

Some people don't like autumn because it means winter is coming, but I like it. I like the first day when it is cold enough to wear socks and shoes instead of sandals. It is such a comfortable feeling.

Most of all, I like going home to a warm apartment after a nice long walk.

私はどの季節よりも秋が好きです。暑すぎもせず寒すぎることもないからです。
　秋の夕方、外を散歩するのが大好きです。秋の葉が赤やオレンジ、金色に変わっていくのを見ることができるし、空気が少し冷たくなり、頬に軽いそよ風を感じることができます。
　冬の訪れを感じるので秋は嫌いという人もいますが、私は好きです。サンダルの代わりにソックスと靴をはくのにちょうどいい寒さになる初日が好きなのです。その日はとても心地よい気分になります。
　中でも、長い散歩をして暖かいマンションに帰るのが一番好きです。

If I won the lottery

英語で話せるテーマを増やそう

ネタ14 もしも宝くじが当たったら？

「ネタ作りのヒント」を参考にして、外国人に話すつもりで自分らしい内容を考えましょう。右ページの「フレーズ・単語」を辞書がわりに活用してください。

ネタ作りのヒント

① **賞金の使い道**（まず、もし宝くじが当たったら何をするかを手短に書く）

② **したいこととその優先順位**（まず…、次に…というように優先順位をつけて賞金を使ってしたいことを挙げ、詳しく説明する）

Date:　　／

ネタ14 もしも宝くじが当たったら? ● 63

🌀 フレーズ・単語　下の文例や単語をアレンジして使いましょう。

❶ 賞金の使い道

◆もしも…円当たったら、～します
　If I won ten million yen, I would buy a house abroad.
　(もしも一千万円当たったら外国で家を買います)

◆もしも宝くじで大金が当たったら、～しようと思います
　If I won a lot of money in a lottery, I would try to share my good luck with everyone.
　(もしも宝くじで大金が当たったら、みんなと自分の幸運をわかち合いたいと思います)

❷ したいこととその優先順位

◆まず…をするでしょう
　First I would quit my job and start my own business.
　(まず仕事を辞めて自分の事業を始めるでしょう)

◆それから…をするでしょう
　Then I would buy a big house in Spain, where we could go swimming and cook good food.
　(それからスペインに大きな家を買って、泳ぎに行ったり美味しい料理を作ったりします)

◆最後に…します
　Finally I would donate the rest of the money to charities like Doctors Without Borders.
　(最後に残りのお金は「国境なき医師団」のような慈善活動に寄付します)

賞金の使い道

- 家を買う「buy a house」
- 別荘を買う「buy a cottage / villa」　※「cottage」は避暑地などの小別荘、「villa」は富豪が保養地などに持つ広い庭付きの大邸宅
- 海外旅行をする「travel abroad」
- リッチなホテルのスイートルームで暮らす「live in a suite at a luxurious hotel」
- 仕事を辞める「quit one's job」
- …に寄付する「donate it to ...」
- …を～と山分けする「share ... with ～」
- 秘密にしておく「keep it a secret」
- 毎週…に行く「go to (the golf course) every week」
- 外国で住む「live in a foreign country」
- 無人島を買う「buy a desert island」
- (息子／娘のために)貯金する「save it (for my son / daughter)」
- 事業を始める「start my own business」

日本人の英語 & 添削例

ジオスの教師による添削例です。間違いを知ることは上達への近道です。

If ~~I'll win in~~ **I won** the lottery, ~~I~~ **I'd** want to do ~~a lot of something~~ **lots of things**. First, ~~I'll~~ **I'd**
→実現可能性が低い現在・未来のことを仮定する時は、「if」節に仮定法過去形「…するだろう」という部分には「would」「could」「might」などを使う

go ~~to~~ a round the world trip**,** ~~And then I'll have a delicious~~ **and eat** food **from different countries**.
→文頭に「And」を置くのは好ましくない　→「food from different countries」で「外国の料理」という意味

Next ~~I'll~~ **I'd** buy a big house with **an** indoor swimming pool**,** ~~And I'll~~ **and I'd**

~~swimming~~ **swim** every day. Finally, ~~I'll~~ **I'd** buy ~~the~~ **more** lottery **tickets with the rest of the**
→「buy a lottery ticket」で「宝くじを買う」という意味

money. I **like to** buy ~~in the lottery~~ **a ticket anyway** from time to time. I ~~wish~~ **hope** I ~~won~~ **win** in the
→「I wish I …」だと「…できたらいいのになあ」という意味で実現しないことが前提となってしまう

lottery.

ネイティブからのアドバイス

「もし宝くじが当たったらどうする？」という話題は誰でも1度は聞かれたことがあるのでは？文章にする時は、まず「どんなことのために使うか」「誰のために使うか」というように大まかな使い道をひと言で書き、それから詳しく説明していくとよいでしょう。文頭でどんな内容が書かれているのか読み手に知らせるためです。

添削例の場合

書き出しから具体例に移るスタイルはよくまとまっています。ただ、架空の状況を設定している文章を最後も「I wish I could win …（当たったらいいのになあ）」と締めくくるのは少しインパクトに欠けます。最後の1文は「I like to buy a ticket from time to time. Maybe one day I'll really win the lottery.（私は時々宝くじを買うのが好きです。いつか本当に当たるかもしれません）」のように、現実の可能性と結び付けると読み終わった後も印象に残る文章になるでしょう。

ネタ14 もしも宝くじが当たったら？ 65

マスターしよう

「もしも…したら」

「もしも…したら」という文を書くには仮定法を使います。何をするかが確実な場合は「would」、どちらか分からない時は「could」や「might」を使います。

● **「If I won the lottery, I would ….（もし宝くじが当たったら…するだろう）」**
- If I won the lottery, I would quit my job and travel around the world.
（もし宝くじが当たったら仕事を辞めて世界中を旅行します）

● **「If I won the lottery, I could ….（もし宝くじが当たったら…できるだろう）」**
- If I won the lottery, I could live in Spain.
（もし宝くじが当たったらスペインに住めるだろう）

● **「If I won the lottery, I might ….（もし宝くじが当たったら…するかもしれない）」**
- If I won the lottery, I might buy an apartment in New York.
（もし宝くじが当たったらニューヨークでマンションを買うかもしれない）

モデル例

ネイティブスピーカーが同じテーマについて書いたモデル例です。英語らしい文の組み立てに慣れましょう。

　If I won a lot of money in a lottery, I would try to share my good luck with everyone.

　First of all, I would buy my mother a beautiful new house. Then I would send my family on an exciting tour of Europe. Finally I would donate the rest of the money to charities like Doctors Without Borders. I'd like to use my good fortune to help make this world a better place.

> 　もしも宝くじで大金が当たったら、みんなと自分の幸運をわかち合いたいと思います。
> 　まず母に新しい素敵な家を買います。そして家族をワクワクするようなヨーロッパ旅行に連れて行きます。最後に残りのお金は「国境なき医師団」のような慈善活動に寄付します。自分の幸運を使いよりよい世の中を作る手助けをしたいです。

英語で話せるテーマを増やそう

ネタ15 ホームステイしてみたい？

「ネタ作りのヒント」を参考にして、外国人に話すつもりで自分らしい内容を考えましょう。右ページの「フレーズ・単語」を辞書がわりに活用してください。

ネタ作りのヒント

① 希望する家族のタイプとその理由（まず端的にどんなタイプの家族を希望するか書く）

② ホストファミリーの詳細な希望とステイ中にしたいこと
（次に希望をもっと詳しく説明し、ステイ中にしたいこと、して欲しいことなども書く）

③ 一番大切なこと
（最後にたくさんの希望の中で最も重要なことは何かを書く）

Date: /

フレーズ・単語 下の文例や単語をアレンジして使いましょう。

① 希望する家族のタイプとその理由

◆…なタイプの家庭でホームステイしたいです
The type of family that I want to stay with would be similar to my family. （私の家族と似たタイプの家庭にホームステイしたいです）

◆次のような条件の家庭を希望します
Below is a request for the kind of family I'd like to stay with.

② ホストファミリーの詳細な希望とステイ中にしたいこと

◆…のいる／ある家庭がいいです
I'd like them to have a pet.
（ペットを飼っている家庭がいいです）

◆…なタイプの人たちを希望します
I'd like them to be the kind of people who enjoy cooking and have a good sense of humour. （料理好きで、ユーモアのセンスがある人たちがいいです）

◆もし…の好きなご家庭があれば、ホームステイさせていただきたいです
If there is a host family that likes fishing and camping out, I'd like to stay with them.
（もし釣りとキャンプの好きなご家庭があればホームステイさせていただきたいです）

希望の家庭
- …の近くに住んでいる家庭「a family that lives close to ...」
- 小さな子供がいる／いない家庭「a family with / without any small children」
- 料理の得意なホストマザーかホストファーザー「a host mother or father who is good at cooking」
- タバコを吸わない家庭「a family that doesn't smoke」
- 面倒見のよい家庭「a family that will take good care of me」
- 日本文化に興味をもっている家庭「a family that is interested in Japanese culture」
- ピアノの練習をさせてくれる家庭「a family that will let me play the piano」
- スポーツ好きな家族「a family that likes sports」
- ペットを飼っていない家庭「a family without pets」
- 個室をもらえる家「a house where I can use a private room」
- 引退したご夫婦「a retired couple」
- 都市に住んでいない家庭「a family that doesn't live in a city」
- …に○分以内で行けるところに住んでいる家庭「a family that lives within 30 minutes of ...」

③ 一番大切なこと

◆私にとって一番大切なのは…な家庭であることです
The most important thing for me would be that the family is kind and tries to understand me.
（私にとって一番大切なのは親切で私を理解しようとしてくれる家庭であることです）

日本人の英語＆添削例

ジオスの教師による添削例です。間違いを知ることは上達への近道です。

This is a description of the kind of family I'd like to stay with.
~~I want to homestay with a family like this.~~

In the family, I'd like
~~There is~~ ∨ a father, ~~and~~ mother, and some daughters.

Ideally they'd
~~They~~ have some animals, ∨ like ~~Horse~~ horses, cat(s), dog(s), rabbit(s) and so on.
→ 事実ではなく希望や理想を言う場合は「would ...」とする
→「animals」が複数形なので、個々の動物も複数形にして一致させる

They'd
~~They~~ live in New York City~~,~~ ← 移動

and have a
~~There is the~~ big garden and ∨ a pool.
→「There is ....」「They ... 」で始まる文が続くと単調すぎるので、接続詞を入れて色々な表現を使う方がよい

Of course I'd like to stay with   people
~~They are very~~ kind and interesting.

The perfect place would be
~~They live~~ near the airport.

I'd like them to
~~They~~ take me to an amusement park.

ネイティブからのアドバイス

ホームステイ先の希望や「もし海外で住むならどんなところがいいか」というテーマは書き手のライフスタイルにも関わってくる興味深い話題です。

添削例の場合

ホストファミリーの手配をしてくれる機関や学校に送る手紙なら、添削例のように「**This is a description of the kind of family I'd like to stay with.** (こういう家庭へホームステイすることを希望します)」と書き始めることもできますが、少し事務的です。もう少し柔らかい印象にしたいならこの文は必要ありません。「**I'd like to stay with a family in New York City.** (ニューヨーク市内に住んでいる家庭でステイしたいです)」のように書き始めるとよいでしょう。

マスターしよう: 重要な希望を伝える表現

●どうしても嫌なことを伝えるには次の表現が使えます

- 「I cannot stay with a family that ...（…の家庭ではステイできない）」
  I cannot stay with a family that smokes.（タバコを吸う家庭ではステイできません）
  I cannot stay with a family that drinks heavily.
  （たくさんお酒を飲む家庭ではステイできません）

●どうしてもこんな家庭がいいという希望があれば次のように書くこともできます

- 「I can only stay with a family that ....（…の家庭でなければステイできない）」
  I can only stay with a family that has pets.
  （ペットがいる家庭でなければステイできません）
  I can only stay with a family that lives near a swimming pool.
  （プールが近くにある家庭でなければステイできません）

モデル例

ネイティブスピーカーが同じテーマについて書いたモデル例です。英語らしい文の組み立てに慣れましょう。

> The type of family that I want to stay with, if I go abroad, would be similar to my family, so I wouldn't feel homesick. I'm not really so fussy about the type of house or apartment. However I'd like to stay in the city as I get bored in the country.
>
> As I said, I'd like the family to be similar to mine. This means I'd like them to have a pet, to be the kind of people who enjoy cooking, music and have a good sense of humour.
>
> The most important thing to me would be that the family is kind and tries to understand me.
>
> 外国に行ったら、私の家族と似たタイプの家庭にホームステイしたいです。そうすればホームシックにかかったりしないでしょう。家やアパートのタイプにはあまりこだわりません。でも田舎は退屈なので都会に住みたいです。
> さっき書いたように私の家族に似た家族がいいのですが、それはどういうことかと言うと、ペットを飼っていて、料理や音楽が好きで、ユーモアのセンスがある人たちがいいなということです。
> 私にとって一番大切なのは、親切で私を理解しようとしてくれる家庭であることです。

Part 4
生活や文化を紹介しましょう

英語で話せるテーマを増やそう

ネタ16 家への道順を説明します

「ネタ作りのヒント」を参考にして、外国人に話すつもりで自分らしい内容を考えましょう。右ページの「フレーズ・単語」を辞書がわりに活用してください。

ネタ作りのヒント

1. **駅からのおよその距離**（まずおよその距離やかかる時間を簡単に書く）
2. **駅からの道順**（駅に着いてからの道を順を追って分かりやすく書く）
3. **家のまわりにある目印**（最後に自分の家の近くにある目印となる物を説明する）

Date:　　／

ネタ16　家への道順を説明します

🌀 フレーズ・単語　下の文例や単語をアレンジして使いましょう。

❶ 駅からのおよその距離

◆私のマンションは駅から歩いて…分ほどの距離です
My apartment is about a seven minute walk from the train station.
（私のマンションは駅から歩いて7分ほどの距離です）

◆私の家は駅からバスで…分ぐらいのところにあります
My house is about 20 minutes by bus from the train station.
（私の家は駅からバスで20分ぐらいです）

❷ 駅からの道順

◆××の駅に着いたら…出口から出て〜に行ってください
When you get to the train station in xxx, you come out of the central exit and go right down the stairs.
（××駅に着いたら中央出口から出てすぐ階段を降りてください）

◆…の所を右／左に曲がってください
Turn right / left at the pachinko parlor.
（パチンコ屋の所を右／左に曲がってください）

◆…分／メートル／ブロックぐらい歩いてください
Walk for about four minutes / about 50 meters / two blocks.
（4分ぐらい／50メートルぐらい／2ブロック歩いてください）

◆…に来るまで〜をまっすぐ進んでください
Go straight along Route 55 until you come to a gas station.
（ガソリンスタンドに来るまで55号線をまっすぐ進んでください）

道順の示し方	●まっすぐ行く「go straight」　●…を過ぎる「go past ...」 ●…に沿って進む「go along ...」 ●…通り／00号線をまっすぐ歩く「walk down ... street / Route 00」 ●…を右／左に曲がる「turn right / left at ...」「take a right / left at ...」 ●(2)番目の角を右／左に曲がる「Take the (2nd) road on the right / left」 ●坂を上る／下る「go up / down a slope」　●橋を渡る「go over the bridge」
目印	●…通りに「on the ... street / road」　●…の向かいに「across from ...」 ●…の隣に「next to ...」　●右／左側に「on the right / left (hand side)」 ●…の反対側に「on the opposite the ...」　●AとBの間に「between A and B」 ●…の前に「in front of ...」　●…の後ろに「behind ...」 ●…の角に「on the corner of ...」　●…の近くに「close to ...」「near ...」 ●袋小路「cul-de-sac」　●交差点「junction」

❸ 家のまわりにある目印

◆私の家／マンションは…の隣／向かいにあります
My apartment is next to / across from a nursery school.
（私のマンションは保育所の隣／向かいです）

日本人の英語&添削例

ジオスの教師による添削例です。間違いを知ることは上達への近道です。

To ~~come to~~ **get** my house, take the JR line and get off at XXX
→ 「come to」は自分が家にいる時しか使えない

Station. ~~Got out of~~ **Leave** the station ~~from~~ **by** the North Exit (北口). Take any (どのバスでも)
→ 「…出口から」は「from」ではなく「by」

bus from there and get off (降りる) at the fourth stop (4番目のバス停), Koenmae. ~~Then~~

You'll ~~you'll~~ see a book shop **your** ~~on the~~ left. Cross ~~with~~ **at the** traffic light**s** (…を横断する・渡る)(信号) and go
→ 「on your left / right」で「(あなたの)左側に／右側に」という意味

in ~~to~~ the same direction **as** ~~of~~ the bus. (…と同じ方向に)
→ 「same…as〜」で「〜と同じ…」という意味

Walk **for** about five minutes and go ~~up to a slope and down it~~ **over hill**.
→ 「坂を上って降りる」を「坂を越える (go over a hill)」と一言で言い替える

Then ~~you can~~ **you'll** find my house on ~~the~~ **your** left.
→ 「you can see / find」とすると「見つかる可能性がある」となってしまう。道順を説明する時には確実に見つかる目印を言うから「you'll see / find」を使う

ネイティブからのアドバイス

まず最初に駅から家までかかる時間や距離の目安を与えると、読み手(もしくは聞き手)に全体像が分かりやすいので親切です。

添削例の場合

「It takes about 15 minutes to get to my house from XXX (JR) Station. Leave the station by the North Exit. …(JRのXXX駅から私の駅までは15分ぐらいです。北口から駅を出てください。…)」

また、道順の説明はややこしかったり覚えきれないことも多いので、コンビニエンス・ストアやガソリンスタンドなど、道を聞ける場所を知らせておく方がいいでしょう。それには次のような1文を加えます。「You can ask for directions when you reach the convenience store.(コンビニに着いたらそこで道を聞けます)」

ネタ16 家への道順を説明します

マスターしよう 道案内のコツ

● 道を教える時は目印を示すと分かりやすい
- turn left at the police box（交番を左に曲がる）
- go past the convenience store（コンビニの前を通りすぎる）

● 目印は「the」を付ける場所と付けない場所がある
- ホテル・レストラン・劇場・映画館など→「the」を付ける
  - 品川プリンスホテル「the Shinagawa Prince Hotel」
  - レストラン・タージマハル「the Taj Mahal」
  - 歌舞伎座「the Kabuki-za Theater」・皇居「the Imperial Palace」
  - エンパイア・ステート・ビル「the Empire State Building」
- 道路・通り・橋・公園・2単語以上の名前の重要なビルや施設→「the」を付けない
  - ブロードウェイ「Broadway」・5番街「Fifth Avenue」
  - 東京ベイブリッジ「Tokyo Bay Bridge」・代々木公園「Yoyogi Park」
  - 東京大学「Tokyo University」・千歳空港「Chitose Airport」
  - 金閣寺「Kinkakuji Temple」

モデル例

ネイティブスピーカーが同じテーマについて書いたモデル例です。英語らしい文の組み立てに慣れましょう。

My apartment is about a seven minute walk from the train station. When you get to the train station in XXX, you come out of the Central Exit, turn right, and go down the stairs. Walk across the street and turn right at the pachinko parlor. Keep walking down the street until you reach a junction.

If you turn left at the junction and walk for about four minutes, you should pass a Seven Eleven. When you reach a second-hand shop turn right and walk for two minutes. Take the 2nd road on the left. My apartment is on the right hand side opposite a nursery school.

私のマンションは駅から歩いて7分ぐらいの距離にあります。×××の駅に着いたら中央出口から出て右に曲がり、階段を降りてください。通りを渡ってパチンコ屋の所を右に曲がってください。交差点の所まで通りをまっすぐ歩きます。

交差点を左に折れて4分ぐらい歩くと、セブンイレブンの前を通ります。リサイクルショップまで来たら右に曲がって2分歩き、2番目の道路を左です。私のマンションは右側にあり、向かいが保育所です。

英語で話せるテーマを増やそう
ネタ17 私の町を紹介します

「ネタ作りのヒント」を参考にして、外国人に話すつもりで自分らしい内容を考えましょう。右ページの「フレーズ・単語」を辞書がわりに活用してください。

ネタ作りのヒント

① **町のある場所**（国や都道府県の中でどの位置にあるのか）
② **町の特徴**（有名なもの、できること、特産品や食べ物など）
③ **あなたの意見**（最後にあなた自身は自分の町をどう思っているか）

Date:　　/

Introduction to my hometown

🌀 フレーズ・単語　下の文例や単語をアレンジして使いましょう。

❶ 町のある場所
◆私の町は…地方にあります
My hometown is in the Kyushu area.
（私の町は九州地方にあります）

◆私は…に住んでいます。〜に位置しています
I live in Nagoya. It is in the middle of Honshu's pacific coast.
（私は名古屋に住んでいます。本州太平洋側の真ん中にあります）

❷ 町の特徴
◆私たちの町は…で有名です
Our city is famous for its beautiful beach.
（私たちの町は美しい海岸があるということで有名です）

◆私の町は…です
Our city is very modern and exciting.
（私の町はとても近代的で刺激的です）

◆私の町には…があります
Our town has several historically important buildings.
（私の町には歴史的に重要な建物がいくつかあります）

◆私の町には…があり、〜することができます
There is a large beautiful park in my town where people can relax.
（私の町には大きな美しい公園があり、みんながくつろげます）

どんな町か			
●文化的な「cultural」	●国際的な「international」	●にぎやかな「lively」	
●近代的な「modern」	●歴史上重要な「historic」	●のどかな「peaceful」	
●南国的な「tropical」	●田舎町「rural town」	●都会「urban area」	
●郊外「suburb」	●住宅地「residential area」		
●辺ぴな場所「remote area」	●中規模の都市「medium sized city」		
●商業都市「commercial city」	●工場地帯「industrial area」		

❸ あなたの意見
◆私は自分の町が…で、〜を楽しんでいます
I love my hometown and enjoy showing people around it.
（私は自分の町が大好きで、人を案内するのを楽しんでいます）

日本人の英語 & 添削例

ジオスの教師による添削例です。間違いを知ることは上達への近道です。

I live in Naruto. ~~Naruto is~~ **It's** famous for whirlpools (〜で有名な). Recently (最近) the ~~road of whirlpool~~ **"Whirlpool Road"** (uzu-no-michi) ~~is~~ **was** completed (完成した) ~~underside~~ **underneath the** Oonaruto Bridge (大鳴門橋). If ~~we~~ **you** go there, ~~we watch~~ **can see** whirlpools under your feet ~~eyes~~. ~~About~~ **As for** foods, ~~Naruto~~ **my town** is famous for sweet potatoes, wakame (a kind of seeweed) and sudachi (a small round green citrus fruit). In summer ~~there is~~ **we have** Awa dance (阿波踊り), and in December ~~the ninth by Beethoven is played~~ **Beethoven's ninth performed** by ~~the~~ **local** citizens. ~~Climate~~ **The climate here** is ~~calm~~ **mild** ~~But in~~ **but** ~~winter wind is~~ **the wind can be really** strong **in the winter**.

添削注釈:
- →同じ言葉を何度も使わないのが英語らしい文を書くコツ。2度目以降はできるだけ「it」「its」などの代名詞に置き換える
- →「road of ...」より「... road」の方が好まれる。道路名には普通「the」はつけない
- →「眼下に」は英語では「足の下」になる。「in front of our eyes(私たちの目の前に)」でもよい
- →橋の名前には「the」が必要
- →読み手に自分の町を紹介しているのだから主語は「you」
- →「watch」はじっくり見る時に言う。テレビ、映画、スポーツ観戦など
- →「Naruto」という言葉の繰り返しになるので、ここも「my town」などに言い換えるとベター
- →「there is」を繰り返さないために一文にする
- →「ベートーベンの第九」
- →「local(地元の)」を付けないと限定できない
- →「climate(気候)」には「The」が必要。「here」を付けると明確
- →「気候が穏やか」は「mild」や「comfortable」がよく使われる

ネイティブからのアドバイス

まず最初に自分の町に関する一般的な情報を書いてから、具体的に有名な物や特産物などを挙げるのが英語らしいライティングスタイルです。その時に「beautiful(美しい)」「historic(歴史上重要な)」などの形容詞を使って自分の町を描写すると読み手にもイメージがよく伝わります。

添削例の場合

「Naruto is a medium sized city on the coast of Shikoku. Shikoku has a lot of beautiful countryside. Naruto is famous for whirlpools. ...(鳴門は四国の海岸沿いにある中規模の都市です。四国には美しい田園地帯がたくさんあります。鳴門はうず潮で有名で…)」また、「…したら〜が見えます」と紹介する場合は、主語に「we」ではなく「you」を使うのが普通です。

ネタ17 私の町を紹介します

マスターしよう　魅力的に伝える

自分の町に興味をもってもらうには形容詞の最上級を使うと効果的です。

● 「-est」を付ける
- 「long（長い）→longest」「hot（暑い）→hottest」

● 「most」を付ける
- 「famous（有名な）→most famous」
- 「expensive（値段が高い）→most expensive」

● 不規則変化
- 「good（よい）→best」「bad（悪い）→worst」「far（遠い）→furthest」

・My city's restaurants are the best but the most expensive in Japan.
（私の町のレストランは日本で一番美味しいけれど、値段も最高だ）
・My town has the longest beach in Japan. （私の町には日本で一番長いビーチがある）
・My city is the most beautiful in my prefecture. （私の町は県下で最も美しい）

モデル例

ネイティブスピーカーが同じテーマについて書いたモデル例です。英語らしい文の組み立てに慣れましょう。

　　I live in Portsmouth on the south coast of England. It is a historic seaside city, with lots of famous sightseeing spots. It is most famous for its old ships, such as the *Mary Rose, H.M.S. Victory* and the *Warrior*. Many people visit my hometown in the summer and enjoy the beach, the funfair, and visiting old castles.

　　The most traditional food in a city by the sea is obviously fish, which in England is often eaten in batter, with chips.

　　I love my hometown and enjoy showing people around it. It is small but there is lots to do.

　私はイギリス南海岸のポーツマスに住んでいます。ポーツマスは歴史上有名な海岸沿いにある町で、有名な観光地がたくさんあり、メアリーローズやH.M.S.、ビクトリー、ウォリアなどの古い船でとても有名です。夏にはたくさんの人がやって来て海岸や遊園地で遊んだり、古いお城を訪れたりします。
　海岸沿いの町で最も伝統的な食べ物と言えば言うまでもなく魚です。イギリスでは油で揚げてフライドポテトと一緒に食べることが多いです。
　私は自分の町が大好きだし、人を案内するのも楽しいです。小さいけれどもできることがたくさんある町です。

英語で話せるテーマを増やそう
ネタ18 日本の行事を知っていますか？

「ネタ作りのヒント」を参考にして、外国人に話すつもりで自分らしい内容を考えましょう。右ページの「フレーズ・単語」を辞書がわりに活用してください。

ネタ作りのヒント

1. **いつ何の行事があるのか**（いつ、どのぐらいの間隔で何の行事があるのかをまず書く）
2. **行事の種類と内容**（どんな行事でどんなことが行われるのかを詳しく書く）
3. **あなたの意見・感想**（最後にその行事についてあなたが思うことを書く）

Date:　　/

ネタ18 日本の行事を知っていますか？ ● **81**

🌀 フレーズ・単語 下の文例や単語をアレンジして使いましょう。

❶ いつ何の行事があるのか

◆…は○月×日に行われます
Setsubun, usually called the Bean-Throwing Festival, is on February 3rd.
（節分すなわち豆まきは2月3日に行われます）

◆○月×日から×日までは…です。これは～のための行事です
We have the O-Bon Festival from August 13th to 15th. It's a Buddhist event to welcome the spirits of our ancestors.
（8月13日から15日まではお盆です。これは先祖の霊を迎えるための仏教徒の行事です）

日本の行事・祝日
- お正月「New Year's Day」
- 成人の日「Coming-of-Age Day」
- 節分「"Setsubun", usually called the Bean-Throwing Festival」
- ひな祭り「"Hinamatsuri", the Doll's Festival」
- 子供の日「Children's Day」
- お盆「"O-Bon Festival"」
- 七五三「"Shichi-go-san", a celebration held for three and five year-old boys and three and seven year-old girls」
- 敬老の日「Respect for the aged Day」
- 運動会「sports day」
- 文化の日「Culture Day」
- 忘年会「end of year party」
- 大晦日「New Year's Eve」

❷ 行事の種類と内容

◆…な行事／お祭りです
It is a really beautiful festival held at night.
（それは夜開かれる非常に美しいお祭りです）

◆…を飾ります
Families with small girls display "hina" dolls on tiers of shelves.
（小さな女の子のいる家庭ではひな壇にひな人形を飾ります）

◆…は～を訪れます
Children that age are dressed in their finest clothes and visit the local shrines. Parents pray for their children's health and happiness.
（これらの年になった子は晴れ着を着て、地元の神社をお参りします。両親は子供の健康と幸せを祈ります）

❸ あなたの意見・感想

◆その行事／お祭りは～でした
The event / festival was very exciting.
（その催し／お祭りはとてもワクワクするものでした）

日本人の英語 & 添削例

ジオスの教師による添削例です。間違いを知ることは上達への近道です。

In Japan ~~there is~~ **we have** the three-five-seven ~~year-old~~ children's 「七五三」のこと

festival on November 15th. ~~They say that boys do it~~ **It is a celebration held for** three and

five ~~year-old~~ **year-old boys** and ~~girls do it on~~ three and seven ~~year-old~~ **year-old girls**. Boys **put** 着る
→「…歳の男の子／女の子」は「…year-old boy(s) / girl(s)」

on hakama and girls ~~put on kimono~~ **wear kimonos**. They go to ~~the~~ **a** shrine and
→短い文で同じ動詞を繰り返して使うのは不自然なので「put on」を「wear」に替える　　→「the」を付けると特定の神社を指してしまう

~~they~~ get "chitose" candy. Recently I ~~hear~~ **heard** that ~~some of them give~~ 千歳飴
→同じ主語なので省略する

~~a high~~ celebration. **this can be an expensive**
→「値段が高い・値の張る」という意味で使うのは「high」ではなく「expensive」

ネイティブからのアドバイス

祭りや伝統行事などその国独特の物事を話題にする時には、無理に訳した英語を書くよりも、まず日本語をローマ字で書いて、その後英語で説明を付け加えるとイメージがよく伝わります。1度説明した言葉は2回目以降は日本語のみを書けばOKです。

添削例の場合

「In Japan we have "Shichi-go-san", a celebration held for three and five year-old boys and three and seven year-old girls on November 15th. …（日本には11月15日に三歳と五歳の男の子と三歳と七歳の女の子を祝う「七五三」があります。…）」

ネタ18 日本の行事を知っていますか？ ● 83

マスターしよう：外国人に独自の行事を説明する表現

その国独自の行事を外国人に説明するのは難しいものですが、以下のような表現を効果的に使うとよいでしょう。

●日本ではたいていこの日に…します
- In Japan we usually (visit a temple) on this day.
（日本ではたいていこの日にお寺にお参りします）

●日本では…が習慣になっています
- It is customary in Japan to (wash your hands before praying).
（日本ではお参りする前に手を洗うことが習慣になっています）

●伝統的に日本では…します
- Traditionally in Japan we (give gifts twice a year-once in the summer and then in the winter). （伝統的に日本では夏と冬の2回贈り物をします）

モデル例

ネイティブスピーカーが同じテーマについて書いたモデル例です。英語らしい文の組み立てに慣れましょう。

　Gion Matsuri is one of the most interesting festivals in Japan. Before the festival, people construct beautiful parade floats. There are street fairs in the downtown area and vendors sell food like battered octopus balls and grilled corn. Many people wear summer kimonos, called yukatas, and wooden shoes.

　I love to watch the parade of floats through downtown Kyoto. A large team of attendants carry or pull enormous floats decorated with traditional tapestries. The festival is one of my favorite events of the year.

> 祇園祭りは日本でもっとも興味深い祭りの1つです。祭りの前には巡行用の美しい山車が作られます。中心街には出店が出て、たこ焼きや焼きとうもろこしなどの食べ物が売られます。たくさんの人が浴衣と呼ばれる夏用の着物と下駄を身に付けます。
> 　私は京都市街の山鉾巡行を見るのが大好きです。伝統的な織物で飾られた大きな山車を祭りのメンバーが引いて行きます。祇園祭りは私の一番好きな行事の1つです。

ネタ 19 日本文化をちらっと紹介

英語で話せるテーマを増やそう

「ネタ作りのヒント」を参考にして、外国人に話すつもりで自分らしい内容を考えましょう。右ページの「フレーズ・単語」を辞書がわりに活用してください。

ネタ作りのヒント

❶ **どんな文化について書こうとしているか**（日本の文化であなたが今興味をもっていることや外国人に紹介したいこと、またその理由を書く）

❷ **由来もしくは特徴**（伝統文化なら由来や歴史的な過程、現代文化ならどんな人たちが好んでいるか、などできるだけ詳しく書く）

❸ **自分との関わり**（あなたがその文化についてどう思うか、どうしていきたいかなど）

Date:　　/

🌀 フレーズ・単語　下の文例や単語をアレンジして使いましょう。

❶ どんな文化について書こうとしているか
◆最近私は…に興味をもつようになりました。というのは〜だからです
Recently I have become interested in learning shodo (Japanese calligraphy) because I want to write my new year's resolution on a makimono (scroll).
（最近、私は書道（日本のカリグラフィー）に興味をもつようになりました。というのは年頭の決意を巻物に書きたいと思っているからです）

日本の文化
- 華道「flower arrangement」
- 神社「shrine」
- 僧侶「priest」
- 書道「Japanese calligraphy」
- 漢字「Chinese character」
- 月見「viewing the moon」
- 結納「an exchange of engagement gifts」
- 相撲「"Sumo", Japanese wrestling」
- 歌舞伎「"Kabuki", traditional Japanese theater」
- 浮世絵「"Ukiyoe", wood block prints」
- 茶道「tea ceremony」
- 寺「temple」
- 抹茶「powdered green tea」
- 筆「brush」
- 花見「blossom viewing」
- 団子「dumpling」
- お歳暮「end of year present」
- 箸「chopsticks」

❷ 由来もしくは特徴
◆…はもともとは〜でしたが、後に〜
Flower arrangement originally started as an altar decoration and later came to be used for decorating rooms.
（生け花はもともとは祭壇の飾りとして始まりましたが、後に部屋の飾りに使われるようになりました）

◆…は〇世紀に日本に伝えられたと言われています
It is said that the tea ceremony was introduced to Japan by Buddhist priests in the thirteenth century. （茶道は13世紀に僧侶によって日本に伝えられたと言われています）

❸ 自分との関わり
◆…を通して〜ができるようになりたいです
I hope to be able to express my thoughts and feelings through calligraphy.
（私は書道を通して自分の考えや気持ちを表現できるようになりたいと思っています）

◆…を学びたいと思っています
I'd like to learn elegant manners and etiquette for serving powdered green tea.
（お茶をたてるのにふさわしい上品な礼儀作法を学びたいと思っています）

日本人の英語＆添削例

ジオスの教師による添削例です。間違いを知ることは上達への近道です。

Japan has unique food culture
~~There is a peculiar culture for food in Japan~~. In the hottest (夏の一番暑い時期)
→「peculiar」は「独自の」の他に「変な」という意味があるので「unique」の方が明確

period of summer, we eat ~~the~~ eel (ウナギ). ~~They~~ People say that if we eat ~~the~~ eel,
→「the」をつけると「特定のウナギ」という意味になる

will not/won't get tired   This apparently   in   江戸時代   On
we ~~aren't played out~~. ~~I hear that it~~ started ~~from~~ the Edo era. ~~In~~
→仮定法現在 →「get tired」で →「apparently」は「…らし →冬至は1日（day）
の主節は未来 「疲れる」の意味 い」というあいまいなことを表す なので前置詞は「on」
形にする

the winter solstice (冬至), we eat ~~the~~ pumpkin and take a bath (風呂に入る) with

a kind of Japanese citrus fruit
yuzu, ∨. ~~They say that if we do them, we don't have a cold~~. This is said to stop us catching colds.
→「ゆず」は日本独特の物なので説明が必要。 →「こうすると風邪をひかないそうです」という意味。
「日本のかんきつ系の果物」 無生物主語を使ってシンプルにまとめる方が英語らしくなる

ネイティブからのアドバイス

文化についての話題を読み手に印象づけるためには、最後に自分自身とのつながりを書きましょう。その文化をよく思っているのか批判的なのかという感想でもいいでしょう。

添削例の場合

最後に「I like the solstices because I really enjoy preparing special food for my family.（家族のために特別な食べ物を作るのは楽しいので、私は夏至も冬至も好きです）」という1文を加えると文章が引き締まります。

ネタ19 日本文化をちらっと紹介 **87**

マスターしよう

話題を提供する

外国人との会話のきっかけとして文化の話題は最適です。次のような表現を使って話題を提供することができます。

- **「Did you know that ...?（…って知ってた？）」**
- Did you know that the tea ceremony was first practiced in the 13th century?
  （茶道は13世紀に初めて行われたって知ってた？）

- **「It is said that ....（…らしいです）」**
- It is said that cutting your nails at night is bad luck.（夜に爪を切るのは不吉らしいよ）

- **「It was introduced by ....（…によって伝えられました）」**
- It was introduced by the Chinese.（それは中国人によって伝えられました）

モデル例

ネイティブスピーカーが同じテーマについて書いたモデル例です。英語らしい文の組み立てに慣れましょう。

Recently I have become interested in learning shodo (Japanese calligraphy) because I want to write my new year's resolution on a makimono (scroll).

Traditionally school students at new year would write their resolutions in such a way and then show them at school. Shodo was imported from China and was once used as spiritual training. There are three kinds of writing style: "kaisho", an easily read square style, "ghyosho", a simplified cursive style and "sosho", an ornate cursive style.

I hope to be able to express my thoughts and feelings through calligraphy. I also hope I can keep my new year's resolution.

最近、私は書道（日本のカリグラフィー）に興味をもつようになりました。というのは年頭の決意を巻物に書きたいと思っているからです。

学生は伝統的にこのようにして新年に年頭の決意を書き、学校でそれを見せます。書道は中国から伝わり、かつては精神修行のために用いられていました。書き方には3種類あり、読みやすいきちんとしたスタイルの楷書、簡略化された続け文字の行書、そして装飾的なスタイルの草書です。

私は書道を通して自分の考えや気持ちを表現できるようになりたいと思っています。また年頭の誓いも守りたいです。

Part 5
一般的な話題も増やしましょう

Summary of a movie/book that I enjoyed

英語で話せるテーマを増やそう

ネタ20 映画や本を薦める

「ネタ作りのヒント」を参考にして、外国人に話すつもりで自分らしい内容を考えましょう。右ページの「フレーズ・単語」を辞書がわりに活用してください。

ネタ作りのヒント

❶ **何を見た／読んだのか、その理由**（自分が見たものや読んだもの、またなぜそれを見たり読んだりすることに決めたか）

❷ **内容を紹介する**（どんな種類の映画／本なのか、またあらすじを手短かに書く）

❸ **その映画／本を紹介する理由・自分の感想**（最後になぜそれが心に残ったか、紹介したいのかを書く）

Date: /

フレーズ・単語　下の文例や単語をアレンジして使いましょう。

❶ 何を見た／読んだのか、その理由

◆○○が〜と言っていたので…を見ました／読みました

I watched / read "Life Is Beautiful" because a friend of mine said "I know you'll love it."

（「ライフ・イズ・ビューティフル」を見ました／読みました。友人が「絶対気に入るよ」と言っていたので）

◆…を見に行きました。私は〜が大好きなのでとてもワクワクしました

Last Sunday I went to see "Erin Brockovich." I was really excited about seeing the film because I love success stories.

（先週の日曜日「エリン・ブロコビッチ」を見に行きました。私はサクセスストーリーが大好きなのでとてもワクワクしました）

❷ 内容を紹介する

◆とても…な映画／話です

The film / story is very violent, but also very funny.

（暴力的なシーンが多いですが本当におもしろい映画／話です）

◆…の話です

It's the story of a gangster and his son's life in London.

（ロンドンに住む1人のギャングとその息子の暮らしを書いた話です）

映画・本の種類	
●ラブコメディー「romantic comedy」	●推理小説「detective story」
●自叙伝「autobiography」	●パニック映画「disaster film」
●恋愛もの「love story」「romance」	●アクション映画「action film」
●スパイ映画「spy film」	●ギャング映画「gangster film」
●冒険映画「adventure movie」	●（突然の）成功物語「Cinderella story」
●アニメ「cartoon」　●SF「science fiction」	●ホラー「horror film」
●歴史映画「historical movie」	●超大作「blockbuster」

❸ その映画／本を紹介する理由・自分の感想

◆…なのでとても楽しめました

I really enjoyed the film because it had a twist at the end.

（意外な結末だったのでとても楽しめました）

◆今まで見た／読んだ中で一番〜な映画／本です

It is the funniest film / book I have ever seen / read.

（今まで見た／読んだ中で一番おもしろかった映画／本です）

話の描写	
●おもしろい「interesting」	●つまらない「boring」
●興奮させる「exciting」	●ハラハラドキドキさせる「thrilling」
●ぞくっとさせる「frightening」	●怖い「scary」
●感動させる「moving / touching」	●おかしい「funny」
●教育的な「educational」	●人気取りの「sensational」
●ハッピーエンドの「with a happy ending」	
●テンポの速い／遅い「fast / slow-moving」	

日本人の英語 & 添削例

ジオスの教師による添削例です。間違いを知ることは上達への近道です。

I watched ~~the~~ video ~~.~~ ~~That~~ title is ~~Sound of Music~~. ~~It is very~~
　　　　　　a　　 again The　　　　"The Sound of Music"　It reminds me of my childhood.
　　→「the」を付けると特定のビデオという意味になるのでここでは「a」を使う

~~nostalgic.~~ I have seen many times it. I ~~was excited when I~~
　　　　　　　　　　　　it　　　　　　　　　love
→「nostalgic（郷愁を起こさせる）」という単語はあまり使わない　→副詞の前に目的語(it)が必要　→何度も見ている映画ということなので「I was excited（ワクワクした）」というのは少し不自然。「子供たちの歌を聞くのが大好きだ」とする方がよい

~~listened~~ song ~~of children~~. ~~Then~~ I ~~watched~~ a lot of beautiful
listening　　s　　　　　　　　　　　　　　saw
to the children's　　　→「then（それから、次に）」は物事の起こった順番を表す。ここでは歌を聞いた後に景色を見たわけではないから付けない

scenery. ~~So~~, I went to Austria last year. I ~~watched~~ more
　　　　 Because I loved the movie so much　　　saw
→この文は「There's a lot of beautiful scenery in the film.」としてもよい　→「So（だから）」だけでは理由がはっきりしない。「この映画がとても好きなので」とする。

than video. I will never forget !!
I did in the　　　　　　　　　　it

ネイティブからのアドバイス

読んだ本や見た映画を話題にする時には、最初に、なぜその本または映画を選んだのか、読む前や見る前にはどんな風に思っていたのかなどを書くと、読み手をぐっと引き込むことができます。

添削例の場合

「I was feeling a bit down and I thought a classic movie would cheer me up, so I watched a favorite video again. The title is ...（少し気分が落ち込んでいて古い映画を見たら元気が出るかと思ったので、お気に入りのビデオを見直しました。タイトルは…）」のように書き始めるといいでしょう。

ネタ20 映画や本を薦める 93

マスターしよう：感想を述べる

感情表現には通常形容詞を使いますが、語尾を「-ed」にするか「-ing」にするかをきちんと把握しておきましょう。

●人が何かについてどう感じるかを言う時には過去分詞形「-ed」

- I'm interested in reading Shakespeare. （シェークスピアを読むのに興味がある）
- My brother is bored by romantic comedies. （私の弟はラブコメディーにはうんざりしている）

●物や人そのものについて言う時には現在分詞形「-ing」

- Reading Shakespeare is really interesting. （シェークスピアを読むのはとてもおもしろい）
- He thinks romantic comedies are boring. （彼はラブコメディーはつまらないと思っている）

モデル例

ネイティブスピーカーが同じテーマについて書いたモデル例です。英語らしい文の組み立てに慣れましょう。

　　Last year I went to see "Lock Stock and Two Smoking Barrels" at Le Cinema in Bunkamura. I was really excited about seeing the film because it was from England and I hadn't seen any British films in a while.

　　The film is very violent, but also very funny. It's the story of a gangster and his son's life in London. They have some bad luck but basically it has a happy ending.

　　I really enjoyed the film for a couple of reasons. It is a black comedy, which I love, and it reminded me of home.

　昨年私は文化村の「ル・シネマ」に「ロックストック・エンド・ツースモーキングバレル」を見に行きました。それはイギリスで製作された映画で、私はしばらくイギリス映画を見ていなかったので、とてもワクワクしました。
　暴力的なシーンが多いですが本当におもしろい映画です。ロンドンに住む1人のギャングとその息子の暮らしを描いた話です。2人が不幸な目に遭いますが、基本的にはハッピーエンドです。
　私が本当にこの映画を楽しめたのには2つ理由があります。私が大好きなブラックコメディーだということと、故郷を思い出させてくれたことです。

英語で話せるテーマを増やそう

ネタ21 私の得意な料理・お菓子

「ネタ作りのヒント」を参考にして、外国人に話すつもりで自分らしい内容を考えましょう。右ページの「フレーズ・単語」を辞書がわりに活用してください。

ネタ作りのヒント

1. **いつ作る得意料理か**（まずあなたの好きな料理とその料理はどんな時に作るのかを書く）
2. **材料と作り方**（作り方を順番に書く）
3. **味や食べ方**（最後にそれがどんな味か、何とよく合うかなどを書く）

Date:　　／

ネタ21 私の得意な料理・お菓子

フレーズ・単語 下の文例や単語をアレンジして使いましょう。

❶ いつ作る得意料理か

◆〜な時に私は…を作ります

I like to make / bake an apple pie for special occasions.
（特別な時にはアップルパイを作ります／焼きます）

◆…な日には一番好きな料理を食べます。それは〜です

I eat my favorite dish when I'm feeling sad. It's beef stew.
（落ち込んでいる時は一番好きな料理を食べます。それはビーフシチューです）

❷ 材料と作り方

◆この料理を作るには…が必要です

To cook this dish, you need some squid, some broccoli and oyster sauce.
（この料理を作るにはイカとブロッコリーとオイスターソースが必要です）

◆まず…します

First chop the onions and garlic and fry them in a little olive oil.
（まず玉ネギとニンニクを刻み、少量のオリーブオイルで炒めます）

◆それから／次に／最後に…します

Then / Next / Finally you add the cubed potatoes and carrots.
（それからさいの目に切ったジャガイモとニンジンを加えます）

料理法	●（七面鳥などを）切り分ける「carve」　●薄くそぐ「slice」 ●（肉などを）切り刻む「chop」　●荒く乱切りにする「shred」 ●みじん切りにする「mince」　●皮をむく「peel」 ●…をおろす「grate」　●混ぜる「mix」 ●軽くかき混ぜる「stir」　●（卵などを）混ぜて泡立てる「beat」 ●ゆでる「boil」　●（ことこと）煮こむ「simmer」 ●（肉や魚などを）焼く「broil」　●（パン・ケーキを）焼く「bake」 ●炒める「fry」　●揚げる「deep-fry」　●蒸す「steam」 ●味付けする「season」　●…をふる「sprinkle」　●温める「heat up」 ●盛り付ける「dish up / serve」
調理器具	●電子レンジ「microwave oven」　●フライパン「frying pan」 ●なべ「pot」　●圧力釜「pressure cooker」

❸ 味や食べ方

◆この料理は…向きです。…な状態で／…と一緒に出すのが一番おいしい食べ方です

This dish is good in the summer / winter. It's best served cold / with plain rice.
（この料理は夏／冬向きです。冷たくして／ご飯と一緒に食べるのが一番です）

ネタ21 私の得意な料理・お菓子

日本人の英語＆添削例
ジオスの教師による添削例です。間違いを知ることは上達への近道です。

I like cooking. I usually cook dinner. In particular（特に） I am good at ~~cook~~ **cooking** fried vegetables. First, I ~~grease~~ **put** **some** oil in ~~a~~ **the** frying pan. Second, I cut ~~the~~ vegetables **whichever** ~~which I like~~ **I've chosen**. ~~Third~~ **Then**, I sauté them. ~~Lastly~~ **Finally** I season **the vegetables with** salt and pepper ~~on the vegetables~~. And I ~~season various sauces~~ **Then add some soy sauce or oyster sauce.**

- →「…が得意だ」は「be good at -ing」
- →「grease」は固形の脂を塗るイメージ。炒め物などの油なら「put（入れる）」を使う
- →特に指定せず「あなたの好きな野菜」としているので、「whichever（…をどれでも）」とする
- →「最後に」は「finally」
- →「season ... with ～」で「…を～で味付けする」
- →「season」のくり返しになるので「add」に替える
- →レシピを教える時は具体的に例を挙げる方がよい

ネイティブからのアドバイス

料理の話題にはそれを作ったり食べたりする時の状況や感情が伴うものです。得意料理の作り方を説明する際にも、どんな時にどんな場所で食べる料理なのかを最初に書くと、ただのレシピではなくあなたの個性が伝わる印象的な文章になります。

添削例の場合

「When I'm tired I like to make something easy. My favorite dish is fried vegetables. It's really easy and makes me feel a lot better. First, ...（疲れている時は簡単なものがいいです。私のお気に入りは野菜炒めです。これは本当に簡単だし疲れも取れます。最初に…）」と書き始めれば印象がずいぶん違います。

ネタ21 私の得意な料理・お菓子 **97**

マスターしよう

手順を説明する

物を作る手順を伝えるには以下のような表現で順番を示します。

- 「first ... (第一に)」
- 「next ... (第二に)」
- 「then ... (そして)」
- 「after that ... (その後)」
- 「finally (最後に)」

First, fry the onions and garlic in ghee (Indian clarified butter). Next add the curry powder and fry for two minutes. Then add the prepared vegetables and a tin of tomatoes. After that stir in some yogurt or cream (depending on how healthy you are feeling). Finally serve the curry with rice, and onion chutney.

(まず始めにギー(インドの澄ましバター)で玉ネギとニンニクを炒めます。次にカレー粉を加え2分炒めます。そして用意しておいた野菜とトマトの缶詰を加えます。その後ヨーグルトかクリームを(健康状態に合わせて)入れてかき混ぜます。最後にごはんと玉ネギのチャツネと一緒にカレーを盛り付けます)

モデル例

ネイティブスピーカーが同じテーマについて書いたモデル例です。英語らしい文の組み立てに慣れましょう。

I really enjoy cooking, especially when it's for someone special. My favorite dish to make for a romantic dinner is chili.

It's really simple to make. First you chop the onions and garlic, and fry them in a little olive oil until they are brown. Then you add the chopped chilies and some crushed coriander seeds and lightly fry. Next you add the rehydrated soy mince. Finally add a tin of tomatoes and some kidney beans and cook until the sauce reduces.

This dish is delicious served with plain rice and guacamole.

私は料理が好きで、特に誰か特別な人のためなら本当に楽しいです。好きな人に夕食を作る時のお気に入りの料理はチリです。
　作り方はとっても簡単です。まず玉ネギとニンニクを刻み、少量のオリーブオイルで狐色になるまで炒めます。それから刻んだトウガラシとつぶしたコリアンダーシードを加えてさらに軽く炒めます。次に乾燥した大豆を細かく刻んだものを加えます。最後に缶詰のトマトとインゲン豆を加えて汁がなくなるまで煮てください。
　この料理はご飯とガカモーレ(アボカドを使ったソース)を添えて食べると美味しいです。

Summary of interesting news

英語で話せるテーマを増やそう

ネタ22 気になったあのニュース

「ネタ作りのヒント」を参考にして、外国人に話すつもりで自分らしい内容を考えましょう。右ページの「フレーズ・単語」を辞書がわりに活用してください。

ネタ作りのヒント

1. **いつ、どこでそのニュースを知ったか**（まずニュースの内容といつどこでそれを知ったのかを書く）
2. **ニュースの詳細**（次にそのニュースについてさらに詳しく書く）
3. **ニュースに対するあなたの反応や考え**（最後にそのニュースを知って／見てどう思ったかを書く）

Date: /

❶ いつ、どこでそのニュースを知ったか

◆この間ある記事を読みました。本当かどうか分からないけど…なようです
I read / heard a story the other day. I don't know if it's true or not, but it looks like X Company's chairman was killed.
（この間ある記事を読み／聞きました。本当かどうか分からないけどX会社の会長が殺されたみたいです）

◆…で聞いたのですが、～だそうです
I heard a newsflash on the radio. It said that Alec Guinness had died.
（ラジオのニュース速報で聞いたのですが、アレック・ギネスが亡くなったそうです）

ニュースの種類	●ニュース速報「newsflash」●特ダネ「scoop」●スキャンダル「scandal」●主な内容「leading story」	●また聞きのニュース「second-hand news」●ゴシップ・醜聞「gossip」●見出し「headline (news)」

❷ ニュースの詳細

◆番組の司会者が…と言っていました
The presenter on the show said that everyone who wants to lose weight should dye their food blue.
（番組の司会者が、体重を減らしたいと思っている人は食べ物を青く染めるようにと言っていました）

◆もう知っているかもしれないけど、…
This may be old news, but she was being hounded by the paparazzi.
（もう知っているかもしれないけど、彼女はパパラッチに追いかけられていたんだって）

❸ ニュースに対するあなたの反応や考え

◆そのニュースを聞いて…でした
I was disgusted to hear the news.
（そのニュースを聞いて腹が立ちました）

コメント	●(政治的な)偏見の入った「with a (political) bias」●常識をはずれた「over the top」●残酷な「cruel」●心温まる「heart-warming」●人騒がせな「sensational」

日本人の英語＆添削例

ジオスの教師による添削例です。間違いを知ることは上達への近道です。

~~The~~ **An** earthquake ~~broke out in~~ **struck the** ⌄ Chugoku and Shikoku area on October 6th. The <u>epicenter</u> (震源地) was west of Tottori <u>Prefecture</u> (県). The strongest <u>tremor</u> (震動・揺れ) ~~was~~ **registered** 6 ~~in~~ **on the** Japanese scale. At that time, I was in the office ~~and~~ using **my** ⌄ computer. At first I felt a little tremor and then ⌄ strong**er** one. ⌄ **On TV that night** ~~I watched the devastated area at home in the evening.~~ **saw how bad the damage really was.** Houses and shops were ~~injured~~ **damaged**, ~~and luckily~~ **Luckily** nobody ~~died~~ **was killed**. As my town is ~~far away~~ **a long way** from that region, we didn't have any trouble. ~~The strong~~ **A big** earthquake struck ⌄ **the** Hanshin area five years ago. Since then we ~~are~~ **have all been** very nervous about ~~the~~ earthquake**s**.

→「register」は「（機械などが自動的に）記録する」という意味
→地震の強さを表す「震度…」は日本独自の単位。「… on the Japanese scale」と書く
→「…で〜していた」は「I was in / at … 動詞+ing 〜」
→日本語ではあまり「より強い…」とは言わないが、英語では比較級を使うのが自然
→「家で見た」だけでは分かりにくいので「テレビで」ときちんと書くべき
→「傷ついた」という時「be injured」を使うのは人に対して。物は「be damaged」
→災害などで亡くなった場合は「be killed」を使うのが普通
→「…から遠い」は「a long way from …」。「far away」は文学的な言葉
→「地震というもの」について言っているので複数形にして「the」は付けない

ネイティブからのアドバイス

ニュースについて文章を書く場合、最初に客観的な事実を書いてから、自分の見たものや体験したことを具体的に説明し、最後に感じたことや自分の考えを書くのが理想的なスタイルです。

添削例の場合

非常によくまとまった文章だと言えます。最初に「An earthquake struck the … area on October 6th.（10月6日に…地方で地震がありました）」という事実があり、次に「At that time, I was in the office ….（その時私は会社で…）」と自分自身が体験したことやテレビで見たことが詳しく書かれています。最後に「Since then we have all been very nervous about …（それ以来私たちは…に対してとても神経質になっています）」と感想で締めくくっているので、書き手の気持ちがよく伝わってきます。

ニュースを知らせる

ニュースについて話す時のフレーズ
- Did you hear about ...? (…のこと聞いた？)
- Have you read the news about ...? (…についてのニュースを読んだことある？)
- I was shocked to read / hear / see ...
  (…のことを読んで／聞いて／見てショックを受けました)

伝聞形で伝える場合
- The newsreader / newspaper said (that) ...
  (ニュースキャスターが…と言った／新聞によると…だそうだ)
- The reporter told us about ... (レポーターが…について伝えていた)
- It was reported (that) ... (…と伝えられた)

モデル例
ネイティブスピーカーが同じテーマについて書いたモデル例です。英語らしい文の組み立てに慣れましょう。

An airplane crashed over Taiwan last night. Many passengers were injured and the death toll has risen to 25 people. Rescue workers are still trying to recover passengers. They are also searching for the black box cockpit recorder.

Authorities blame pilots' error, but airline officials believe bad weather conditions caused the crash. Also, the control tower was not equipped with ground radar.

I often travel to Taiwan on business so I was very disturbed by the news. I hope the airlines increase their safety standards.

昨夜台湾で飛行機が墜落しました。たくさんの乗客が負傷し、死者は25人にのぼっています。乗客の救助活動は捜索隊によって続けられています。またボイスレコーダーの捜索も行われています。

運輸局はパイロットの操縦ミスに事故の原因があるとしていますが、航空会社幹部は墜落は悪天候のためだと主張しています。また管制塔には着陸誘導レーダーが設置されていなかったそうです。

台湾には出張でよく行くので、ニュースを聞いてたいへん不安になりました。航空会社は安全基準を向上させて欲しいと思います。

英語で話せるテーマを増やそう

ネタ23 最近話題の○○について

「ネタ作りのヒント」を参考にして、外国人に話すつもりで自分らしい内容を考えましょう。右ページの「フレーズ・単語」を辞書がわりに活用してください。

ネタ作りのヒント

1. **その問題についての第一印象**（その問題に関する第一印象や、自分にとってどんな問題なのか）
2. **自分の考えと理由**（自分のもっている考えとその理由、他にも別の考えや感想があれば書く）
3. **現時点での結論**（最後にその問題についてあなたの現在の意見や結論を書く）

Date:　　/

フレーズ・単語　下の文例や単語をアレンジして使いましょう。

時事問題
- 臓器移植「organ transplant」
- 少年犯罪「juvenile delinquency」
- 老人介護サービス「services for elderly people」
- 安楽死「euthanasia」
- 未婚の親「single parent(s)」
- 児童虐待「child abuse」
- ストーカー「stalker」
- 携帯電話「cell phone」
- いじめ「bullying」
- 高校生売春「high school prostitution」
- 出生率低下「declining birthrate」

❶ その問題についての第一印象

◆私にとって…の問題は〜です

I think the subject of **organ transplantations** is a very tricky one.
（私にとって臓器移植は非常に議論しにくい話題です）

自分の考え・第一印象
- 私の知る限りでは…だと思います「As I see it, ...」
- 私にとっては…です「As far as I'm concerned, ...」
- 私の考えでは…です「In my opinion, ...」　●私は…だと思います「I think that ...」
- …だと感じています「I feel that ...」　　●…だと信じています「I believe ...」
- 私には…だと思えます「It seems to me ...」
- 個人的には…だと思います「Personally, I believe ...」
- まず第一に…「To start with ...」「First of all ...」　●第二に…「Secondly, ...」
- そのうえ・さらに…「In addition, ...」「Furthermore, ...」

❷ 自分の考えと理由

◆一方では…したいと思います。しかし一方では〜を心配します

On the one hand I want to **help people to live by donating my organs.** But on the other hand I really worry about **whether doctors may decide to take my organs when I'm not really dead.**
（一方では私の臓器を移植して人の命を救いたいと思います。しかし一方では、私がまだ死んでいないのに医者が臓器を取ると決めるのではという心配があります）

◆〜なのである程度は…に賛成です

I half agree with **cloning** because **it's useful for medical studies.**
（医学の研究に役立つのでクローンを作ることにある程度は賛成です）

❸ 現時点での結論

結論
- 要するに…「In short, ...」
- 最後に…「Finally, ...」
- しかしながら…「However, ...」
- こういう理由で…「For this reason, ...」
- 結論を言えば…「In conclusion, ...」
- それゆえに…「therefore, ...」
- 反対に…「On the contrary, ...」

◆私はこの問題について…できません

I really can't **make up my mind** on this subject.
（この問題について自分の意見は決まりません）

日本人の英語＆添削例

ジオスの教師による添削例です。間違いを知ることは上達への近道です。

For me, organ ~~transplantation~~ **transplant** (臓器、器官) is a very difficult ~~problem~~ **subject**. Because
→「移植すること」は「transplant」。「transplantation」だと「移植したもの」という意味になる
→「problem」はただ考えるのではなく解決しなければならない問題という意味

I am a mother, I ~~think below~~ **feel strongly about it**.
→「そのことを強く感じる」という意味

If my daughter ~~has~~ **had** a serious (深刻な) illness (病気) and ~~is~~ **was** not expected to live
→未来や現在のことを仮定するには仮定法過去「if＋主語＋過去形, 主語＋would ...」を使う

~~except~~ **unless she had an** organ ~~transplantation~~ **transplant**, I want ᵛ **her have** to ~~do~~ **it** organ ~~transplantation~~ / **I'd definitely**
→「I want to do ...」だと自分が執刀するように聞こえてしまう。「want 人 to ...」で「人に...してもらいたい」という意味

~~surely~~. But if ~~the positions are reversed~~ **it was the other way around**, perhaps I ~~don't~~ **wouldn't** want to
→「絶対に」は「definitely」がよく使われる。入れる場所は動詞の前。「surely」は普通文頭に置くが少し古い表現
→「the other way around」は「あべこべの」という意味
→ひょっとしたら…かもしれない

donate (…を提供する) her organ. ᵛ **At** ~~On~~ⁱ this point, I ~~can't~~ **I'm** still ᵛ **not** ~~answer~~ **sure**.
→「at this point」で「今の時点では」という意味
→「I'm not sure」で「はっきりわからない」という意味

ネイティブからのアドバイス

賛否が分かれる問題について書く時には、最後に自分がどちらの立場に立つのかを述べます。まだはっきり意見を決めていない場合でも「On balance, ..., but I'm not sure.（すべてを考慮してみると…です。でも、まだ確信はもてません）」のような表現を使いながら、一応の結論を提示しておく方がいいでしょう。

添削例の場合

最後の1文を「On balance, I would probably agree to an organ transplant, but I'm not sure.（すべてを考え合わせるとおそらく私は臓器移植に賛成しますが、確信はもてません）」として一応の結論を出すと読み手も賛成か反対かという立場を決めようという気もちになります。自分の立場をはっきりさせるのはディスカッションの基本です。

賛成・反対の意志表示

最初に自分の意見を述べてから理由を述べるのが英語の基本的なスタイルです。

●別の意見に賛成する時

- I agree with the opinion of .... (私は…という意見に賛成です)
- What ～ said / wrote is so true because .... (～が言ったことは…なので事実です)
- I too agree with .... (私も…に賛成です)
- I couldn't agree more with .... (私は心から…に賛成です)

●別の意見に反対する時

- I don't believe ～ is right because .... (私は…なので～が正しいとは思わない)
- I disagree completely with .... (私は…には全く反対です)
- I couldn't disagree more with .... (…には絶対に反対です)

●どちらでもない時

- I neither agree nor disagree with .... (…に対して賛成も反対もしません)
- I'm not sure what my point of view about ... is. (…について私の考え方がはっきりしません)

モデル例

ネイティブスピーカーが同じテーマについて書いたモデル例です。英語らしい文の組み立てに慣れましょう。

I think the subject of organ transplants is a very tricky one.

On the one hand I want to help people to live by donating my organs. I know this will give people a second chance to live, and I know I won't need my organs any more when I'm dead. But on the other hand I really worry about whether doctors may decide to take my organs when I'm not really dead.

If I had to decide, I would probably agree to organ transplants, but I'll never really know for sure.

私にとって臓器移植は非常に議論しにくい話題です。
　一方では私の臓器を移植して人の命を救いたいと思います。誰かが第二の人生を歩むチャンスを与えることになるし、死んだ後自分には臓器はもういらないということもわかっています。しかし一方では、私がまだ死んでいないのに医者が臓器を取ると決めるのではという心配があります。
　もし決めなければならないとしたら、おそらく臓器移植に賛成すると思います。でもはっきり結論が出せることはないでしょう。

Part 6
手紙を書きましょう

英語で話せるテーマを増やそう

ネタ24　10年後の自分へ

「ネタ作りのヒント」を参考にして、外国人に話すつもりで自分らしい内容を考えましょう。右ページの「フレーズ・単語」を辞書がわりに活用してください。

ネタ作りのヒント

① **呼びかけ、安否を問う**（まず相手の名前を書き、相手の安否や近況を訊ねる）

② **自分の近況、用件**（自分の近況や伝えたい事柄について書く）

③ **相手から聞きたいこと、結びの言葉など**（相手から聞きたいこと、周りの人たちの安否や近況を訊ねる）

Date: 　　/

🌀 フレーズ・単語 下の文例や単語をアレンジして使いましょう。

❶ 呼びかけ、安否を問う
◆…さん、お元気ですか？
Dear David,
How are you? / How are you doing?（デイビッド、お元気ですか？）
◆元気だった？
How have you been?（元気だった？）
◆すべてうまくいっているでしょうか？
I hope all is well with you.（すべてうまくいっているでしょうか？）
◆…に満足してる？
Are you enjoying yourself / your job / life in New York?
（楽しくやっていますか？／仕事は楽しいですか？／ニューヨークでの生活を楽しんでいますか？）

❷ 自分の近況、用件
◆私は…したいと思っています
I hope to be a fashion designer.（私はデザイナーになりたいと思っています）
◆〜するために…を勉強中です
I'm learning pottery / ceramics so I can give handmade dishes to all my friends.（友達みんなに手作りのお皿をあげるために陶芸を勉強中です）
◆…した方がいいかと考えています
I think I should go back to school and study law.
（学校に戻って法律を勉強した方がいいかと考えています）

❸ 相手から聞きたいこと、結びの言葉など
◆…するという約束（誓い）は守っていますか？
Have you kept your promise to quit smoking?
（禁煙の誓いは守っていますか？）
◆今何か新しいことをしていますか？
Are you doing anything new now?（何か新しいことをしていますか？）
◆…した時のことを覚えていますか？
Do you remember when you started working for XXX Company?
（×××会社で働き始めた時のこと覚えてる？）

結びの言葉	●じゃあね「Bye for now.」 ●元気で「Take care.」 ●連絡してね「Keep in touch.」 ●敬具「Sincerely yours,（アメリカ）」「Yours sincerely,（イギリス）」 　　「Best wishes,（親しい友達に）」 ●追伸「P.S.」※通常は署名の後に書く

日本人の英語＆添削例

ジオスの教師による添削例です。間違いを知ることは上達への近道です。

<u>Dear</u> Yuko．
親愛なる…

How have you been ~~Yuko? How are you?~~
→「どうしてたの？」と過去から現在にかけてのことを聞いているので現在完了形
→「Dear Yuko」の繰り返しになるから必要ない
→これも「How have you been?」とほぼ同じ意味

What have you been doing? ~~Do you get~~ **Are** married? Do you have
→他の人に対する手紙では、この2文を最初に質問すると「結婚して子供をもつこと」を最も大切に考えているという印象を与えるのでよくない。仕事や英語のことを先に書く方が好ましい

any **Where are you working?**
~~some~~ kids? ~~And, are you still working?~~ Do you speak ~~in~~ English
→答えが予測できない疑問文では普通「some」ではなく「any」にする
→「結婚したら仕事を辞める」という考え方はあまりにもステレオタイプすぎるので好ましくない。「どこで働いていますか？」などと婉曲的な表現にする

well?

Sincerely yours~~,~~．
敬具
→手紙の最後の決まり文句

~~From before ten years~~ Yuko ∨ **(ten years ago)**
→「～年前」は「～years ago」。「before」は使わない

ネイティブからのアドバイス

手紙を書く時は、自分の話から書き始めるのは礼儀に反します。まず最初に「How have you been?」などと相手の安否や近況を訊ねてから自分の近況や伝えたいことを書くのが鉄則です。

添削例の場合

テーマが「10年後の自分に対する手紙」なので通常の手紙とは違いますが、相手への質問で終始してしまうと書き手（書いた時の自分）の様子がほとんど伝わりません。「How have you been?」の後に今のあなたの様子や考えが分かるような文を加えましょう。「I'm learning English because I want to teach English to children. (子供たちに英語を教えたくて英語を勉強しています)」などを入れるとよいでしょう。

ネタ24　10年後の自分へ　**111**

マスターしよう　近況を訊ねる表現

手紙で近況を訊ねる時は現在完了形をよく使います。

●過去から現在まで続く期間についてのこと→現在完了形・現在完了進行形
- How have you been?（どうしてた？）
- What have you been doing?（何をしているの？）

●過去に起こったこと→過去形
- Where did you go?（どこに行ってたの？）
- Did any of your dreams come true?（どれか夢はかなった？）
- What did you enjoy most about the last 10 years?（過去10年で何が一番楽しかった？）

●現在の状況→現在形
- Are you married?（結婚した？）

モデル例

ネイティブスピーカーが同じテーマについて書いたモデル例です。英語らしい文の組み立てに慣れましょう。

Dear Junko,

　How are you? By the time you read this letter, I hope you're finally a doctor. Are you enjoying your career? I hope it's as good as you expected. Where are you living now? Are you still in Boston? Have you finally settled down? Do you have a family? I hope all your dreams came true.

　Looking forward to seeing you in ten years.

　　　　　　　　　　　　　　　　　　　　　　　　　Junko

> 親愛なる純子へ
> 　元気ですか？この手紙を読むまでにはお医者さんになっていることを願っています。仕事は楽しいですか？期待通りのいい仕事だといいのですが。今はどこに住んでいますか？まだボストンにいるのですか？身を固めたでしょうか？家族はいますか？あなたの夢が全部かなっているように祈っています。
> 　10年後に会えるのを楽しみにしています。
> 　　　　　　　　　　　　　　　　　　　　　　　　　純子より

さいごに

24テーマ分書いてみましたか？とにかく自分の力で書いてみることが一番大切です。最後に、英語で文章を書くためのポイントを2つ。

- 最初の一文で"こんな話をしますよ"と知らせましょう。読む人を意識して書くことが大切。先を読みたくなるようなエッセイが良いエッセイです。

- 短いものでいいので、ネイティブが書いた文章を読んで表現をマネしてみましょう。日本語を無理に訳したような不自然な英語が減っていきます。

ぜひこれからも、英語で書く学習を続けましょう。テーマは無限にあるはず。英語で話せる話題をどんどん増やして下さい。

辞書なしで書ける！英会話のネタ帳

初版発行　　2000年12月7日
第2刷発行　2001年8月31日

企画・制作・編集 ● 株式会社ジオス出版
　　　　　発行所 ● 株式会社ジオス出版
　　　（営業所）● 東京都品川区大崎1丁目6番4号
　　　　　　　　　新大崎勧業ビルディング4F
　　　　　　　　　TEL: 03-5434-2831
　　　　　　　　　FAX: 03-5434-2833
　　　（編集室）● 徳島県徳島市南昭和町1丁目48-1
　　　　　　　　　TEL: 088-625-7807
　　　　　　　　　FAX: 088-655-5915
　　　表紙デザイン ● 尾道正明
　　　　　　　印刷 ● 株式会社坂東印刷

定価（本体1200円＋税）
ISBN4-916171-76-4
© GEOS Publishing Inc. 2000
Printed in Japan